高等职业教育"十三五"规划教材

U0738415

大学生就业与创新创业

主　编　周雅顺　何昊宸
副主编　于占勇　白　娟

重庆大学出版社

图书在版编目(CIP)数据

大学生就业与创新创业／周雅顺,何昊宸主编. --
重庆:重庆大学出版社,2019.7
ISBN 978-7-5689-1641-7

Ⅰ.①大… Ⅱ.①周… ②何… Ⅲ.①大学生—职业
选择 Ⅳ.①G647.38

中国版本图书馆 CIP 数据核字(2019)第 133754 号

大学生就业与创新创业
DA XUESHENG JIUYE YU CHUANGXIN CHUANGYE

主　编　周雅顺　何昊宸
副主编　于占勇　白　娟
策划编辑:鲁　黎

责任编辑:夏　宇　冯雪燕　　版式设计:鲁　黎
责任校对:谢　芳　　　　　　责任印制:张　策

*

重庆大学出版社出版发行
出版人:饶帮华
社址:重庆市沙坪坝区大学城西路 21 号
邮编:401331
电话:(023)88617190　88617185(中小学)
传真:(023)88617186　88617166
网址:http://www.cqup.com.cn
邮箱:fxk@cqup.com.cn(营销中心)
全国新华书店经销
中雅(重庆)彩色印刷有限公司印刷

*

开本:787mm×1092mm　1/16　印张:12.25　字数:285 千
2019 年 8 月第 1 版　　2019 年 8 月第 1 次印刷
ISBN 978-7-5689-1641-7　定价:39.80 元

前　言

　　大学毕业生是我国人力资源的重要组成部分,是社会中最有朝气、最有活力的群体之一。近年来,随着我国高等教育规模的扩大,高校毕业生的人数也在逐年增加,这在相当程度上满足了我国社会发展的人才需求,但同时也带来了一系列的社会问题。大量毕业生走向社会给就业市场增添了无形的压力,而毕业生自身的就业压力则更为严峻,不少大学生和家长在就业问题上很迷茫。中国的高等教育已经由传统的"精英化"教育转变为"大众化"教育,大学毕业生的就业已经从"精英就业"转化为"大众就业"。市场经济的浪潮把大学毕业生推到人才竞争的风口浪尖。高校毕业生是国家宝贵的人才资源,合理使用这部分人才资源是落实国家科教兴国战略的重要举措。同时,高校毕业生就业工作涉及千家万户,既关系到人民群众的切身利益,又关系到国家经济发展和社会稳定。

　　大学生就业,是人生事业的开始,也是进入社会的第一步。本书旨在帮助大学生深刻地了解我国就业形势,熟悉大学生就业创业政策,端正就业态度,树立正确的职业理想,站在时代发展的高度洞悉市场需求,完善自我,树立科学的、符合中国国情和市场规律的就业观念。同时,帮助大学生寻找适合自身发展需要的职业,实现个体与职业的匹配和个体价值的最大化。本书编者借鉴了一些学者的经验,求真务实,博采众长,编写了这本体系较为完整、结构较为科学、理论性与实践性相结合的大学生就业创业指导用书。

　　结合大学生的特点,本书将创新创业教育贯穿始终,在内容编排上注意系统性、全面性和实用性。从环境分析到择业技巧,从形势政策问题到法律法规问题,努力做到理论分析和技术指导相结合。同时,重视就业形势的发展变化分析,力争具有新颖性和前瞻性。

　　本书围绕目前就业形势、择业心理准备、求职材料编写规范、求职技巧、就业法规政策和自主创业途径等内容进行了全面阐述,并以此提升大学生在就业、创业过程中的预见力、应变力及创造力。

　　本书由周雅顺、何昊宸担任主编,于占勇、白娟担任副主编。全书共分为八章,具体编写分工如下:第一章至第五章由周雅顺和何昊宸编写;第六章至第八章由于占勇、白娟编写。

在编写过程中,本书借鉴和参考了大量国内外专家学者有关就业、创业教育研究的文献资料和研究案例,在此一并表示诚挚的感谢。

由于编者水平有限,书中难免出现疏漏和不当之处,敬请各位专家、同行和广大读者批评指正。

编　者

2019 年 5 月

目　录

第一章 绪 论

现阶段,大学生就业难已引起学校、家庭、政府等各方的重视。开展大学生创新创业教育能够以创业促就业,减轻大学生就业问题对社会的压力。当然,并不是每个大学生毕业后都要去创办自己的企业,但培养大学生的创新创业能力可以帮助他们更好地就业,可以使他们在今后的职业生涯中取得更大的成功。

作为高学历群体,大学生有着创新创业的良好内在基础和条件,能够在全民创业中起到很好的引领作用。大学生不仅要学习和掌握扎实的科学理论知识,还要有创新思维和创业意识,在创业中成就事业,在创业中成长、成才。加强创新创业教育,符合大学生成长、成才的需要,有利于帮助大学生更新就业思路,转变就业观念,树立创新精神,强化创业意识;有利于帮助大学生掌握创业方法,强化克服困难、承担风险的心理素质和意识;有利于帮助大学生积累实践经验,增强实践能力,增长实践本领,为成长、成才奠定扎实的基础。

【教学目标】

1. 了解大学生创新创业教育提出的背景、现状及内涵;
2. 了解大学生创新创业教育的战略性和重要性;
3. 了解当前大学生就业的主要特点;
4. 了解当前大学生就业的严峻形势及主要原因;
5. 了解大学生就业创业的主要政策。

【案例导入】

"90后"大学生"蚁族"梅永明:像蚂蚁一样创业

和所有的大学创业者一样,梅永明的大学生活从一开始就离不开各种兼职活动。他不是为了体验生活,而是为生活所迫。他在武汉上大学期间做过各种兼职,当电脑校园代理、在快餐店做兼职、做票务代理、参加某大型直销公司的培训等。大二那年他带领团队做校园票务代理,取得了突出的业绩,因此被选作该公司的武汉地区总代理。

最"疯狂"的时候,他白天在青山区上课,还要卖电脑,下课后赶去汉口参加某直销公司的培训,培训结束后又赶回武昌到快餐店上夜班,忙到工作服都忘了换下,更不用说吃饭了。晚上,他有时负责给快餐店送外卖,平时不送单的间隙,他可以找个角落趴着休息一下,可是节假日一个晚上要送超过20单外卖,他根本没有时间合眼。大学两年,他有了一点积蓄,更让他认识了一批志同道合的伙伴。2013年9月,晨蚁团队建立,仅7人的小团队,成员多是和他一起卖过电脑、推销过票务的小伙伴。

对一个创业者来说,资金、团队、项目是必不可少的。2013年9月,他在偶然的机会下,从朋友那里拿到一款好玩又简单的产品,能够放置在寝室床边,收纳手机、电脑等杂物。经过团队考量之后,他们为它取了一个好玩的名字——"窝靠",并决定在理工大校园试水售卖。

最初,他们在理工大旁边的城中村找到了一个不足20平方米的小办公室,没有窗帘,就用凉席来遮掩阳光;没有桌椅,就从废弃的酒店里搬来。有一次,大家热烈地开着会,椅子突然坏了,"扑通",梅永明摔了个四脚朝天,团队成员哈哈大笑。尽管条件艰苦,团队成员却干劲十足,气氛融洽。就是在这样的气氛中,通过三次节日营销活动,以及在学生社交网络平台全方位的趣味宣传,"窝靠"成为学生心中的"寝室神器"。

产品卖得火热,梅永明从中看到了商机,同时也加深了对这一行业的了解。在寝室文化创意用品行业内,几乎没有一个有影响力的品牌,他想要填补这一市场空白。于是,几人决定合伙开公司,进一步扩展业务。在公司筹备建立阶段,团队中的三人临时退出,他和另外三位成员坚持了下来。他说,我不喜欢一眼就看到死的生活,既然选择了创业,就没有回头路可走。他借到一些钱,加上两年勤工俭学的存款,全数投入创办的公司中。就此,晨蚁,从武汉理工大学的学生创业团队,发展为一家公司。晨蚁采取线下加盟店和线上电商平台相结合的商业模式,采取空间定制服务的互联网运营模式。通过与由米定制网合作,实现寝室文化"私人定制"。在移动端,又与"吃喝茶山刘"微信营销平台合作。线下则主要采取加盟店的方式,目前,晨蚁在武汉各大高校有60多所加盟店铺,2万多名在校大学生使用他们的产品,也有了不错的口碑。

【知识引导】

第一节　大学生创新创业概述

一、大学生创新创业教育的背景、现状及内涵

我国要继续保持经济发展,需要尽快转变经济发展方式,加快创新型国家建设,鼓励、支持全民创新创业,推动经济实现新的发展。大学生创新创业教育是推动经济发展的需要。

（一）大学生创新创业教育的背景

随着我国社会主义市场经济体制的发展，创新创业对经济发展的巨大作用越来越受到重视，同时，社会经济的发展对人才的素质提出了更高的要求。从我国目前经济发展和教育改革与发展的现状来看，对学生开展创新创业教育非常迫切，这是时代提出的要求，也是社会发展的必然趋势。目前，各高校越来越重视开展创业教育，大力扶持那些掌握创新知识的大学生进行创业，让他们成为国家基础研究和高科技领域原始创新的主力军，为建设创新型国家提供支持和保障。

早在1990年，我国就开展了在基础教育阶段实施就业创业教育的项目研究，但目前我国大学生创业比例依旧比较低。有关调查显示，在我国的创业者群体中，"具有大学学历的创业者仅占3.7%"，而发达国家一般占20%～30%。这说明我国高校的创新创业教育尚处于起步阶段，其系统性、科学性和可操作性还不够完善。

（二）我国开展创新创业教育的现状

近几年，我国高校大学生创新创业教育虽取得了一定的成效，但整体上还存在诸多问题，如大学生创新创业教育的师资建设不完善，大学生创新创业教育的理论体系不健全，大学生创业教育的文化氛围不浓厚，大学生创业教育的开展范围不广泛等。目前，在我国高等院校，运用第二课堂开展大学生创新创业教育已成为较普遍的形式，但这种创业教育的受众面比较小，具体体现在以下五个方面：

1. 教育观念滞后，创新创业意识不成熟

高校没有认识到创新创业的本质，还停留在教授学生如何获得财富和利润的层面上，本着把学生培养成创业家、企业家的目的，注重传授创业知识和技能，忽视培养学生的创新创业意识和能力，这不利于学生综合素质的提高。相关调查数据显示，学校开设的相关课程不仅严重不足，而且开设的课程也存在授课和考查不够严格的现象，学生常在汇报学习成果之前临时抱佛脚，随意应付教师。这在很大程度上源于学校、教师和学生缺乏成熟的创新创业教育理念。

2. 社会环境与国家政策影响高校创新创业的动力

由于目前经济市场不景气，加之社会环境的影响，许多大学生不敢贸然创新创业。虽然国家大力支持创新创业，但是由于支持力度不够，许多方面都没有到位，这也影响了大学生创新创业的积极性。除此之外，大学校园也缺少大学生创新创业的环境，如缺乏合格的创新创业师资、教师对创新创业活动的指导不力、研究和创新创业经费不足、大量的实践活动与理论相脱节等。

3.课程体系不健全,创新创业教育流于形式

虽然高校越来越重视创新创业教育,但是基本上都是以选修课的形式开设创新创业课程,并没有在学校课程体系中体现;创新创业教育的学科体系不完善,没有上升到理论学科层面,只停留在初级阶段;课程类型单一,教学方式不够多样化,课程与实践脱节,只注重书本上的教学,忽视了实践操作,这样显然无法真正培养出创新创业人才。高校创新创业教育的方式单一,多以"职业规划""挑战杯"等比赛的形式呈现。学生没有付诸实践,无法与社会接轨。此外,大学生创新创业活动多是学校组织的社团活动,流于形式,并未发挥实际作用,没有形成一个可持续发展的模式。

4.师资力量薄弱,缺乏经验丰富的指导教师

学生大多没有真正接触过社会,缺乏工作与创新创业经验,要培养他们的创新创业意识与能力,必须要有一群经验丰富的指导教师。然而,现在的高校老师基本上都是学术型的,本身就缺乏创新创业经验,无法对学生进行创新创业方面的实际指导。有些高校的创新创业课程甚至由其他学科的老师兼任,从而不能给学生专业的指导,无法保证较高的教学质量。由此,师资力量薄弱是创新创业教育的软肋。

5.创新教育与创业教育分离

高校对创新创业教育越来越重视,但是创新教育与创业教育往往分离:工科院校多注重创新教育而忽视创业教育,学生多在实验室搞发明创造没有接触创业教育;而经管类院校则偏重于创业教育而忽视创新教育,比如创业孵化园、创业比赛、创业家讲座等都只注重创业教育。创新教育与创业教育是密不可分的,只有培养了学生的创新思维与创新意识,才能够提高创业教育的成效,高校应该将创新教育与创业教育一起抓。

(三)大学生创新创业教育的内涵

创新创业教育包括创新教育和创业教育,是一种兼顾创新教育和创业教育的新型教育模式。在新的历史时期,开展创新创业教育对提高大学生创新创业能力具有重要的现实意义。

创新教育是以培养创新意识、创新精神、创新思维、创新能力为目标的创新人才的培养活动。"创业教育"由英语"enterprise education"翻译而来,是指通过开发和提高学生创业基本素质和创业能力,使学生具备从事创业实践活动所必需的知识、能力及心理品质,是高校毕业生应掌握的"第三本教育护照"。首届世界高等教育大会就曾强调,高等教育必须将创业技能和创新精神作为基本目标,使高校毕业生不仅是求职者,而且是工作岗位的创造者。

创新创业教育是一种全新的以创新为先导的教学模式的全方位改革,是教学内容、方法、思想、评价、教育体制的创新。创业教育是培养具有开创个性的人才,使其富有创业精神、创业意识等综合素质,具备成为企业家的能力。高校通过改变教学课程及教学方式来培养大学生的创新创业能力,并使其成为大学生自身的素质,让大学生在未来的道路上成为创新创业人才。创新教育和创业教育相辅相成,缺一不可。创新创业教育通过新型的教育模式,开发和培养大学生创新创业素质和能力,使大学生具备创新创业精神与创新创业能力,并使更多的大学毕业生能够从职位的谋求者变成岗位的创造者。

二、大学生创新创业教育的战略性和重要性

习近平总书记指出,全社会都要重视和支持青年创新创业,为其提供更有利的条件,搭建更广阔的舞台,让广大青年在创新创业中焕发出更加夺目的青春光彩。《国务院办公厅关于深化高等学校创新创业教育改革的实施意见》也指出,深化高等学校创新创业教育改革,是国家实施创新驱动发展战略、促进经济提质增效升级的迫切需要,是推进高等教育综合改革、促进高校毕业生更高质量创业就业的重要举措。

创新创业教育与就业指导的思想教育是高校思想教育的继续和延伸。创新创业教育中的思想教育,重点是把世界观、人生观、价值观的教育渗透到就业指导过程中,体现在学生的生涯设计、创业、就业、择业追求和成才道路等方面;帮助学生树立正确的择业观,正确处理好个人需要与社会需要、职业理想与社会现实、社会环境与个人成才的关系等;帮助学生理性地选择职业,同时做好艰苦奋斗、甘于奉献的思想准备。

李克强总理在 2015 年政府工作报告中提出推动"大众创业、万众创新"。同年 6 月,《国务院关于大力推进大众创业万众创新若干政策措施的意见》明确指出,推进"大众创业、万众创新"是培育和催生经济社会发展新动力的必然选择,是扩大就业、实现富民之道的根本举措,是激发全社会创新潜能和创业活力的有效途径。

(一)大众创业、万众创新的理论意义和现实意义

创新创业教育必须适应建设创新型国家的重大战略和推进"大众创业、万众创新"的时代特点。

1.大众创业、万众创新揭示了创新创业理论的科学内涵和本质要求

创新是赋予资源以新的创造财富能力的行为。著名经济学家诺斯认为,世界经济的发展是一个制度创新与技术创新不断互相促进的过程。创新是企业家对生产要素的重新组合。创业是指一个人发现和捕捉机会并由此创造出新产品或服务的过程。它不仅局限于创办新企业的活动,在企业中也存在创业行为。为此,创业者既可以指新创企业的创办人,也包括现有企业中的具有创新精神的企业家。

创新和创业是两个既有联系又有区别的概念,二者在某种程度上具有互补和替代关系。创新是创业的基础和灵魂,而创业在本质上是一种创新活动。创

新更加强调其与经济增长的关系,而创业的内涵更丰富,不仅有创新的内容,还涉及就业和社会发展及公平正义。

影响创新创业的因素很多,包括国民素质、基础研究水平、科研基础设施条件、体制政策环境等,但核心是人的因素,关键是创新型企业的发展壮大。从某种程度上讲,推动创新发展,就是坚持以人为本推进创新,提高国民的教育水平,充分调动和激发人的创新创业基因;就是坚持以企业为主体推进创新,大力推动创新企业发展,强化企业作为创新发动机的作用。

2. 大众创业、万众创新反映了人类创新发展历史和经济发展的一般规律

大众创业、万众创新的提出,把创业、创新与人、企业这几个关键要素紧密结合在一起,不仅突出打造经济增长的引擎,而且突出打造就业和社会发展的引擎;不仅突出精英创业,而且突出草根创业,体现了创业、创新、人和企业"四位一体"的创新创业发展总要求,揭示了创新创业的发展规律,为创新创业理论研究和实践开辟了新天地。

人类社会发展史实际上就是一部大众创业、万众创新的历史。我国改革开放以来的实践也充分说明了这一点。比如,20世纪80年代初以家庭联产承包责任制为核心的农村体制改革,极大地激发了农民的创业热情,一大批乡镇企业异军突起。此后,随着经济体制和科技体制改革,又有一大批科研人员和国有企业职工"下海创业",使一大批民营企业异军突起,成就了以华为、联想、海尔等为代表的一批创业企业。这其中许多都是"草根创业",真正实现了大众创业、万众创新。

因此,推进创新创业必须要改变"选运动员"的方式,应在全社会高扬创新精神和企业家精神,营造公平竞争的市场环境,让广大人民群众参与创新创业的大潮,使大量优秀人才在创新创业的伟大实践中脱颖而出。

3. 大众创业、万众创新是坚持创新发展、实施创新驱动发展战略的关键途径

李克强总理出席国家科技战略座谈会时指出,实施创新驱动发展战略,要坚持把科技创新摆在国家发展全局的核心位置,既发挥好科技创新的引领作用和科技人员的骨干中坚作用,又最大限度地激发群众的无穷智慧和力量,形成大众创业、万众创新的新局面。要依托"互联网+"平台,集众智搞创新,厚植科技进步的社会土壤,打通科技成果转化通道,实现创新链与产业链的有效对接,塑造我国发展的竞争新优势。要把科技与人民群众的创造力在大范围、更深程度、更高层次上融合起来,通过大众创业、万众创新将科技成果转化为现实生产力。这就要求我们必须着力提高教育质量,推进科技体制改革,强化创新发展的人才和科技基石,在全社会大力弘扬创新创业精神,使创业企业不断涌现并发展壮大,不断为企业这部创新发动机注入新生力量和活力,汇聚形成经济发展的新动力。

4. 大众创业、万众创新是推进供给创新的重大结构性改革

推进供给侧结构性改革,是当前我国经济发展的重大任务。综合来看,供给侧结构性改革,主要是指对要素投入侧和生产侧的重大改革、关键性改革。核心是通过推进金融、土地等要素和生产端的改革,提升企业效益和竞争力,创造出激发消费者需求的优质产品和服务,满足新需求,开拓新市场,推动新技术、新产业、新业态蓬勃发展,加快实现发展动力的转换最重要的是通过政府体制改革,让更多社会资本参与投资,充分激发微观经济主体活力。

大众创业、万众创新,不仅可以大幅增加有效供给,增强微观经济活力,加速新兴产业发展,还可以扩大就业、增加居民收入,有利于促进社会公平正义,是经济发展的引擎。在当前形势下,要紧紧围绕打造大众创业、万众创新这一中国经济增长的新引擎、新动力,大力推进政府监管、投融资、科技体制等关键环节、重点领域的改革,加强人才、技术、金融等要素支撑,着力营造有利于新兴企业不断涌现和发展壮大,有利于新技术、新产品、新业态快速商业化的良好环境。

(二)开展大学生创新创业教育的重要意义

创新创业教育是以培养具有创业基本素质和开创型个性的人才为目标,以培养学生的创新意识、创业精神、创新创业能力为主,同时面向社会,针对那些打算创业、已经创业、成功创业的创业群体,分阶段、分层次地进行创新思维培养和创业能力锻炼的教育。创新创业教育本质上是一种实用教育。

创新教育有利于培养大学生的创新性,创业教育有利于培养大学生的实践性。由此可见,开展创新创业教育对培养大学生的创新性、实践性的教育改革具有直接针对性,具有非常重要的意义。

1. 转变教育观念,深化教育改革

长期以来,我国传统教育主要是知识教育,忽视了学生的主体性、能动性、创造性培养。在创业方面,我国创业率的平均水平低于全球创业观察统计的平均水平。我国大学生创业比例不到毕业生总数的1%,而发达国家一般为20%~30%。因此,必须尽快转变传统教育理念,深化改革高校人才培养模式,从就业教育转向创新创业教育,树立起自主创业不仅是大学生就业的重要途径,更是大学生成才的重要模式的新观念。

2. 弥补传统教育的不足

我们已经认识到传统教育重知识轻实践的片面性,我们倡导的现代教育改革也强调培养学生的素质、能力、创新性、实践性,但我们现代的教育改革还缺乏系统性。我们力图通过各门课的教学来提高和增强学生的素质、能力、创新性、实践性,却没有开设专门的课程来系统地加以培养和强化,这是不够的。和中、小学生不一样,大学生毕业后就要走上工作岗位,要想在社会实践中获得成功,更应注重能力、创新性和实践性。

3. 满足大学生这个学习阶段、年龄阶段的迫切需要

高校毕业生结束学生生涯，走出校园，面对形形色色的招聘会和用人单位，他们必须作出选择，完成从学生到职业工作者的角色转变。由于社会经验不足，无论是就业还是创业，毕业生往往很迷茫。同时，大学生恰好在 20 岁左右，正是学习知识、掌握技能、对人生和未来进行憧憬和定格的黄金时期，在此阶段开展创新创业教育，并将这种创新创业的理念和发展模式植入他们心中，既帮他们确定了奋斗方向，又拓宽了他们的视野，是一举两得、功在长远的大事。

（三）培养大学生创新创业意识与能力

在就业形势严峻的背景下，如何培养大学生创新创业意识与能力，成为各方迫切需要解决的重大课题。

培养大学生创新创业意识与能力，是在创新创业实践活动中对人起推动作用的个性心理倾向，它支配着创新创业者的态度和行为，具有很强的选择性和能动性，是创新创业基本素质的重要组成部分。创新创业意识的形成需要长期的培养、熏陶和积淀。培养大学生创新创业意识与能力，应当从以下几方面入手。

1. 提升大学生创新创业思想认识高度，营造整体创新创业氛围

注重创新创业意识的培养，首先要将创新创业精神提升到为社会创造财富、为社会作贡献和实现自我价值的高度。其次要从观念上改变单纯为准备创新创业的学生进行创业教育、只对少数人进行创新创业教育的做法，真正把创新创业教育作为促进大学生素质全面提高的助推器，从而将创新创业教育的思想渗透到高校教育的全过程中。最后要建立合理的评价制度和激励机制，激发广大师生参与创新创业教育的热情。

通过新闻媒体广泛宣传成功企业家和自主创业的先进典型，从而坚定大学生创新创业的信心；开展各种大学生创新创业大赛，为大学生创新创业搭造舞台；鼓励和扶植更多具备自主创业条件的大学生凭借知识、智慧和胆识去开创能发挥一己之长的事业；形成以项目为载体、以团队或社团为组织形式的"创新创业教育"实践群体来激发大学生的创新意识和创业精神，让大学生的创新创业动力在具体实践中找到恰当的结合点，使其形成自主创新创业的理念。

2. 重视相关师资建设，充分利用社会资源为大学生创新创业提供服务

我国大学生创新创业普遍存在师资环境差、学生有想法却缺乏具有针对性的科学指导、缺乏人际关系和商业网络的社会舞台等问题。一支优秀的师资队伍是培养大学生具有良好创新创业品质的前提，优秀的导师是高校创新创业人才培养的保障。在不断加强和改善高校教师队伍建设的同时，要注重开发社会教育资源，聘请创新创业上有建树、品德高尚、乐于奉献、责任心强的成功企业家来担任大学生创新创业实践导师，充分利用他们的创新创业思想与实践平台，有计划地、分期分批地对大学生进行创新创业与实践能力培养和教育。只有这样才能保证创新创业教育的有效实施,才能培养出敢于探索、突破常规、勇于创新的复合型人才。

3. 积极搭建平台,重视实践活动,提升大学生创新创业实际操作能力

创新创业能力教育包括让大学生掌握创新创业的基本技能、具备职业技术和经营管理能力、具备一定的社会实践能力等。培养大学生创新创业能力,实践是关键。只有把从课堂所学的文化知识通过形式多样的课外活动,尤其是广泛的社会实践活动加以运用,才能使学生的创新创业能力真正得以提高。为此,学校应积极搭建实践活动平台,合理增加实验和实践的时间,培养学生的科研能力和动手能力。一方面,学校要积极创建创新创业实践基地,为学生提供创新创业实践的机会;另一方面,要鼓励和引导大学生进入校办企业经受市场磨炼。

4. 从政策上鼓励、支持和扶助大学生创新创业

大学生创新创业意识与能力的培养,绝对不是单纯的学校行为,而是政府、社会和学校的共同行为,它的实施是一项系统工程。因此,在强化学校对大学生进行创新创业教育的同时,还必须加强学校、政府、社会之间的协调和配合,政府与社会应当从各种政策和规定上为大学生创新创业提供法律保障和社会支持,真正构建起"三位一体"的创新创业教育体系。

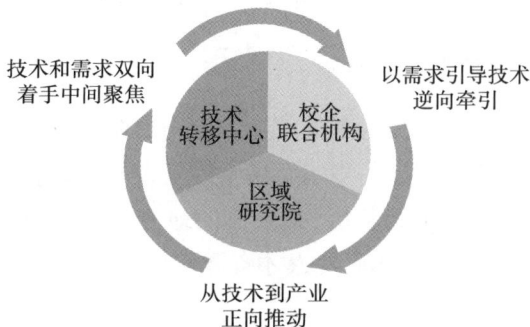

培养具有创新精神、创业精神和实践能力的新时期大学生,必须从教育、学习、生活等方面进行潜移默化的熏陶,从而培养出综合素质过硬、适应未来经济社会发展的创新创业人才。创新创业教育是一个复杂的系统工程,它要培养的是具有创新能力、富有创业精神和有较高综合素质的复合型人才。此目标的达成除了依靠高校的力量外,还需要全社会的支持与协作,并建立一个有助于大学生创业的、完善的创新创业服务体系,以优化创新创业环境,保障创新创业活动顺利开展与实施。作为培养社会合格建设者与接班人的重要阵地,高等学校必须与时俱进,抓住机遇,大力推进高等教育改革,转变教育思路,改革人才培养模式,努力为社会培养大批高素质、创业型的人才,以适应经济社会发展的需要。只有这样,高等学校才能抢占人才培养的制高点,才能更好地推进全面建成小康社会的进程,构建社会主义和谐社会,为中华民族的伟大复兴做出积极贡献。

三、开展创业就业指导的作用与内容

(一)开展大学生创业就业指导的作用

大学生创业就业指导主要是对大学生进行比较系统的择业、就业思想和技巧的教育,其作用如下:

1. 帮助学生正确地把握目前就业市场的需求形势和国家、各省市有关大学生就业的制度和政策

按照社会需求确立就业期望和就业心理,树立正确的择业、就业观念和就业方向,了解大学生就业程序,掌握一定的就业技巧,以保证毕业生顺利就业。同时,进行相关的职业知识、道德、素质教育,使学生了解我国目前的就业趋势,掌握职业必备素质和技能,尤其是了解独立创业必须具备的素质和能力,使学生在毕业后能够独立创业。

2. 指导和帮助学生完成学业,促进全面发展

按照国家的教育方针、培养目标、培养规格的要求,指导和帮助学生在学制系统中完成学习任务,结束学业。在此基础上,从理论和实践相结合的高度引导学生全面发展,并逐步确立职业生涯设计目标,从思想上、能力上和心理上完成预备求职。

3. 指导和帮助学生了解职业发展趋势,树立正确的择业观念

高校学生接受的是专业化教育,将来的就业方向与所学专业密切相关。因此,很有必要通过大学生创业就业指导,让学生进一步了解所学专业及职业的发展方向和趋势,帮助学生树立正确的择业观念,鼓励毕业生到基层、到艰苦的地方、到祖国建设最需要人才的边远地区发挥自己的特长,干出一番事业,从而使人才资源实现合理配置。

4. 指导毕业生把握求职对策,促进顺利就业创业

求职是高等学校毕业生走出校园的第一步,是实现就业的基本途径。大学生创业就业指导就是给毕业生提供了解求职对象和应聘规则的途径和办法,从而为毕业生顺利就业创造条件。

(二)创业就业指导的内容

1. 创业就业形势指导

创业就业形势指导就是引导学生了解当前国家社会经济发展对人才的需求状况及人才市场的形势,使学生做到"知彼知己,百战不殆",特别是让学生了解社会的需求信息、用人单位的基本状况等,即人才市场的"行情"。谁能及时地了解人才市场行情、把握信息并能正确

地筛选、抉择,谁就能掌握求职择业的主动权。

2. 创业就业政策指导

创业就业政策是国家为完成一定时期的就业任务而制定的行为准则。学生创业就业必然要受到国家方针政策的制约。国家根据经济建设和社会发展需要及各个时期的发展重点,制定总的创业就业政策和需要重点照顾的地区、行业、部门和单位。这些应是学生创业就业指导的依据。在学生就业中,一些毕业生由于对就业政策缺乏了解,择业时带有很大的随意性和盲目性。通过创业就业指导,广泛宣传创业就业政策,引导毕业生走出择业的"误区",就能使毕业生根据国家需要并结合个人实际有针对性地选择职业。

3. 创业就业信息指导

创业就业信息是指通过各种媒介传递的有关创业就业方面的消息和情况,它是择业的基础。创业就业信息指导就是通过多种渠道收集和掌握社会需求信息,通过整理、归纳和分析,预测就业动态和人才的供需矛盾,了解和掌握用人单位对人才素质的要求,并及时将信息传递给学生,以对他们的求职择业及自我塑造和发展起到帮助和导向作用。所以,创业就业信息指导,可使学生学会全面准确地收集就业信息,并结合实际情况进行加工处理,去伪存真。

4. 择业观指导

择业观是学生选择职业的前提,是他们对职业的基本评价和看法,也是其世界观、人生观和价值观在创业就业问题上的反映。由于政治、经济、文化教育和社会因素的影响,学生的择业观是不相同的,择业标准也呈现多样化。因此,通过择业观指导,一方面使学生树立远大的理想和抱负,树立较强的事业心和艰苦奋斗的思想,把个人理想与国家需要结合起来,避免和纠正在择业中的短期行为,真正做到以事业为重;另一方面,帮助学生确立高尚的求职道德,无论对用人单位还是作为竞争对手的其他同学,都应该诚实正直、实事求是、与人为善,绝不能在求职择业中吹嘘自己、贬低别人,更不应采取拉关系、走后门等不正当行为。

5. 择业技巧指导

求职是一门艺术,有很多技术和技巧。求职择业技巧对学生能否成功择业影响极大。一般来说,面临就业的学生,普遍思想准备不足,有恐慌感,缺乏择业技巧。通过择业技巧指导,首先,能帮助学生认识个性特点,诸如专业、爱好、特长、志愿、身体状况、实际能力等,确定最能发挥自己聪明才智和最符合自己心愿的择业目标,以使他们在不同的需求形势下选择适宜或比较适宜的工作;其次,能帮助学生提高求职择业的能力,掌握自荐、应聘和面试的技巧;最后,帮助学生在择业时树立竞争意识和把握机遇的意识,以使其在求职择业中保持主动。

6. 择业心理指导

在走向就业市场、参与"双向选择"的过程中，学生在择业走向及选择职业岗位方面，由于主观上的不稳定性和不成熟性，以及客观上诸多因素的制约，容易在择业时产生矛盾心理。例如，患得患失，难以抉择，急躁焦虑，临阵怯场，缺乏自信等。要通过择业心理指导，帮助学生培养健康的心理，提高心理素质。

7. "从学校走向社会"的引导

学生从学校走向社会，是人生道路上的一大转折。由于环境发生了变化，学生需要一个适应过程。在这个过程中，要完成从学生到职业工作者的角色转变，需要经历社会化和再社会化的过程。如何尽快适应环境，进入新的角色状态，完成工作以后的心理调适，便是就业指导需要解决的问题。要通过"从学校走向社会"的引导，帮助学生及时调整自己的心理，尽早进入新的角色状态，尽快适应环境，树立自信心和责任感，用自己所学知识在实际工作中乐业、敬业，脚踏实地干一番事业。

8. 创业指导

创业指导就是通过对高校学生进行创业教育，引导毕业生到求职择业的岗位上创立业绩，或者在市场经济环境中创立自己的事业。随着社会主义市场经济体制的逐步完善，科学技术的迅速发展，自主创业成为高校毕业生谋求职业的重要途径。

在当前形势下，国家的就业渠道和选择职业的空间也在新的行业、新的职业中拓展，现成的、长期的职业将越来越少，现代化的、适应新时代的、具有创造性的新型职业将不断产生。青年一代积极投身创业比谋求社会现有的职业更具挑战性，更能灵活、恰当地和社会需求融合在一起，使个人价值得以最大化实现。同时，作为当代青年，也应为国家的发展建设做出自己的贡献。

第二节　大学生就业形势分析

一、大学生就业形势分析

（一）经济形势发展变缓，总体需求疲软

大学生就业形势随着国家经济形势的好坏而变动。从国内经济形势看，我国国内经济运行总体平稳，但发展速度变缓，下行的压力短时期内还难以改变，用工整体需求下降，进而极大地减少了就业需求总量,影响了经济增长对就业的拉动效应。

从国际形势看,世界经济复苏减缓,使得我国外向型出口企业发展困难,吸纳就业能力下降。

（二）大学毕业生总量依然很大,就业压力加剧

2018 年高校毕业生人数达到 820 万,创历史新高,堪称史上最难就业季。根据人社部的毕业生数据,再加上中职毕业生和 2017 年尚未就业的学生数量,2018 年待就业人数有惊人的 1 500 万。在当下国内化解过剩产能造成一部分职工下岗、企业用工不足等大背景下,“2018 年就业形势复杂、任务非常艰巨”,人社部部长尹蔚民在 2018 年的一次新闻发布会上说。2018 年考研报考人数达到 177 万,以 7% 增长终结持续两年的报考颓势。最近的一份调查显示,考研人群中 56% 的出发点是为了“更好的工作”。值得注意的是,2018 年考研大军中往届毕业生占了足足四成,压力正逐步向考研和就业传导。

（三）城镇化中农村劳动力转移就业压力大

近年来,我国城镇化建设不断加快,城镇化率大幅提高,农村劳动力向城镇转移的步伐加快,城镇人口快速增加,在农村的就业压力减轻的同时,城镇的就业压力增大。

（四）新兴产业的加快发展影响到就业水平

一方面,在大力调整夕阳产业和淘汰落后产能时,要对涉及职工的转移安置提供帮助;另一方面,新兴产业在我国具有良好的发展前景,但技术技能人才短缺。此外,由于科技进步、劳动生产率提高等因素,一些企业减少新员工吸纳,甚至排挤出部分劳动力,这也导致了就业的结构性问题。

（五）人口结构变化使劳动力供给增长放缓

人口结构发生变化,在一定程度上反映了劳动力供求关系的变化。我国劳动适龄人口的总量开始减少,在新生劳动力供给方面,大学生将占据一半。据预测,我国劳动年龄人口于 2016 年达到峰值,总量为 9.99 亿人,之后逐渐下降,到 2020 年将下降至 9.87 亿人。

（六）企业用工成本的承受力与劳动者高期望值的矛盾导致供求双方难以对接

2009 年以来,货币工资一直以两位数的速度快速增长,且增速逐年加快。据统计,2013 年全国共有 27 个地区调整了最低工资标准,平均增幅为 17%;有 17 个地区制定了工资指导线,工资增长的基准线普遍在 14% 左右。据调查,当前工资增长和企业承受能力的矛盾已导致许多中小企业和大型劳动密集企业的普通工人短缺。

【案例阅读】

大学生就业形势:"最难就业季"又来?

"大学生就业形势严峻""史上最难就业季",近些年来每到毕业季这类论调就会出现,在应届高校毕业生数量逐年攀升的大背景下,就业难似乎正成为一种常态。

自 2002 年第一届高校扩招毕业生毕业以来,全国高校毕业生人数快速增长,2002—2009 年几乎每年以约 70 万人的速度增长,迅速从 145 万人攀升至 611 万人,随后至今,每年新增 20 万~30 万人,到 2018 年以 820 万人创历史新高。

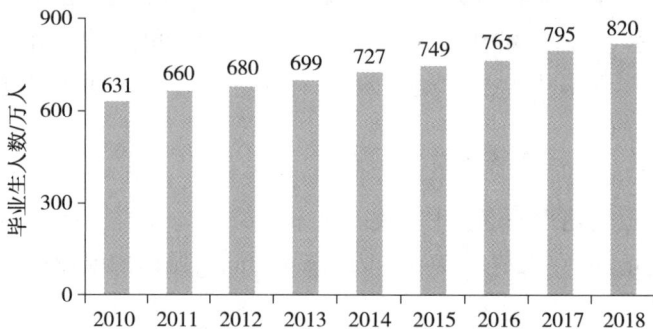

2010—2018 年中国高校毕业生人数统计

但高校毕业生面临的竞争并不止于此,根据人社部数据,同期职业学校毕业生以及初高中后不再继续升学的大约还有 700 万人,因此青年就业群体加起来达到了 1 500 多万人。

社科院 2015 年《社会蓝皮书》称,按照目前高校招生规模不变预测,到 2020 年,劳动年龄人口中大专及以上学历比重将升至 21.6%,到 2030 年将超过 30%,高校毕业生占青年劳动力的比例将进一步加大。

一方面新增就业人数仍在大幅增长,另一方面却是中国经济面临压力的现实。最新的数据显示,2016 年第一季度中国 GDP 同比增长 6.7%,GDP 增速创下 2009 年以来 28 个季度的新低。

根据国务院总理李克强 2013 年在中国工会第十六次全国代表大会上作经济形势报告时的说法,"经过这几年经济结构的调整,尤其是随着服务业的加快发展,目前大概 GDP 增长 1 个百分点,能够拉动 130 万,甚至 150 万人就业"。"我请人力资源和社会保障部和有关方面反复测算,都认为要保证新增就业 1 000 万人、城镇登记失业率在 4% 左右,需要 7.2% 的经济增长。我们之所以要稳增长,说到底就是为了保就业。"这从反面印证了经济状况与就业形势的关系。

高校毕业生是我国人力资源的重要组成部分,是社会中最有朝气、最有活力的群体之一。近年来,随着我国高等教育规模的扩大,高校毕业生的人数在逐年增加,这在相当程度上满足了我国社会发展的人才需要,但同时也带来了一系列的社会问题。高校毕业生的就业压力持续增大,越来越难以解决。党中央国务院高度关注高校毕业生就业问题,在各级政府和高等院校的共同努力下,毕业生就业工作积累了一系列宝贵经验,取得了可喜的成绩。但在新的历史时期,面对国内外新的政治经济形势,高校毕业生就业面临新的机遇和挑战,大学生就业形势不容乐观。

二、影响大学毕业生就业的主要因素

1. 经济增速放缓,对就业的拉动效应减弱

就业与经济发展密切相关。由于经济发展速度的放缓和结构的调整,客观上会对劳动者就业结构产生影响,同时也会对就业总体规模产生挤压效应。尤其是传统支柱产业企业改革重组加快、淘汰落后产能、部分行业持续低迷及产能过剩将造成结构性失业和转型性失业,就业难度加大。同时,毕业生数量的迅猛增加与社会有效需求短期内增幅有限的供需结构性矛盾突出也是导致大学生就业难的主要原因。

2. 大学毕业生的自我认识不足且就业期望值居高不下

毕业生择业以事业发展为重的不占多数,而是普遍希望到大城市、大机关、大公司、大企业等工作,希望去的单位名声好、工作条件好、生活待遇好、有出国机会,甚至离家比较近等。然而,最需要毕业生的却是边远地区、中小城市、艰苦行业的基层一线中小型单位,这些地区和单位人才奇缺,希望能接收到大学毕业生,但年年要人却年年要不到人。

3. 社会对毕业生学历层次的需求越来越高

目前,我国中、高层次的人才严重短缺,社会对高层次的复合型、外向型和开拓型人才的需求日益迫切,呈现对人才结构的需求层次重心上移的趋势。在毕业生就业中,研究生已越来越"抢手",本科生还能基本平衡,专科生则明显地表现出供过于求的趋势。高校、科研单位、大机关、大公司基本上以接收硕士生、博士生为主,连一些中小型单位都希望多接收研究生。这样致使不少用人单位存在"人才高消费"的错误现象,盲目追求高学历人才,因而对毕业生的需求出现扭曲,人为地制造了就业难。

4. 大学生缺乏社会经验制约就业

大学生在求职过程中,普遍认为"缺乏社会经验"是困扰就业的主要因素。同时,还有部分大学生表示个人能力不足和求职技巧的缺失也是制约成功择业的重要因素。从用人单位对各种能力的要求来看,首先是环境适应能力,其次是人际交往能力,最后是自我表达能力、专业能力和外语能力。用人单位表示,大学生与其他就业群体相比,缺乏社会经验是其明显的劣势。

5. 东西部地区差异影响就业水平

根据 2016 年 9 月教育部就业总体情况信息统计,东部地区高校"已签约"和"已有意向但没有签约"的学生比例明显高于中西部地区高校"已签约"和"已有意向但没有签约"的学生比例,东部、中部、西部和东北部四个地区的就业状况呈梯状分布,表明大学生总体就业水平与大学所在地区的经济发展水平相关。在就业地区的选择方面,大学生"重东部,轻西部""重大城市,轻中小城市和农村"的想法仍没有得到明显改观。

6. 高等学校专业设置与市场需求不匹配

高校专业设置与市场需求变化错位是制约毕业生就业的重要因素。很多高校的专业设置和调整受制于计划、指令,或立足于自身师资条件,招生和专业设置与市场需求脱节。大学生普遍认为,当前大学的课程设置不合理,基础理论课过多、过细,占用了专业课的时间,专业课与实际严重脱轨,而用人单位普遍认为大学毕业生的专业知识更新太慢,与企业衔接不上,工作后基本上都得进行岗前培训。

第三节 大学生就业创业政策

针对严峻的就业形势,党和国家高度重视。2013 年 5 月 13 日,习近平主席在天津考察工作时指出,就业是民生之本,解决就业问题的根本要靠发展,要切实做好以高校毕业生为重点的青年就业工作。

2014 年 5 月 1 日,李克强总理主持召开国务院常务会议,确定进一步促进高校毕业生就业创业政策六项新措施:①延长小微企业毕业生享受社保补贴政策;②启动实施"大学生创业引领计划";③毕业生灵活就业 2 年内可享受社保补贴;④加大就业困难高校毕业生帮扶;⑤国企招聘应届毕业生须公示;⑥简化高校毕业生就业落户等手续。

一、国家多措并举促进大学生就业

（一）倡导和鼓励高校毕业生到基层和地方就业

拓宽渠道、完善制度,大力引导毕业生到基层就业。基层面向广大人民群众的公共服务、社会管理、生产服务、生活服务等领域,大力开发适合高校毕业生就业的基层社会管理和公共服务岗位,倡导高校毕业生到基层就业,鼓励高校毕业生积极参加社会主义新农村建设、城市社区建设。

对到农村基层和城市社区从事社会管理和公共服务工作的高校毕业生,符合公益性岗位就业条件并在公益性岗位就业的,按照国家现行促进就业政策的规定,给予社会保险补贴和公益性岗位补贴,所需资金从就业专项资金列支;对到农村基层和城市社区其他社会管理和公共服务岗位就业的,给予薪酬或生活补贴,所需资金按现行渠道解决,同时按规定参加有关社会保险。

对到中西部地区和艰苦边远地区县以下农村基层单位就业并履行一定服务期限的高校毕业生,按规定实施相应的学费和助学贷款代偿。对具有基层工作经历的高校毕业生,在研究生招录和事业单位选聘时优先考虑,在地市级以上党政机关考录公务员时也要进一步扩大招考录用的比例。

继续完善和实施面向基层就业的专门项目,扩大项目范围;加强组织领导,省级人民政府负责做好各类基层就业项目之间的政策衔接。

组织实施"选聘高校毕业生到村任职"、"三支一扶"(支教、支农、支医和扶贫)、"大学生志愿服务西部计划"、"农村义务教育阶段学校教师特设岗位计划"等项目,各地也要因地制宜开展地方项目,鼓励和引导更多的高校毕业生报名参加。鼓励高校毕业生在项目结束后留在当地就业,而相对应的自然减员空岗全部聘用服务期满的高校毕业生。对参加项目的高校毕业生给予生活补贴,所需资金按现行资金渠道解决,同时按规定参加有关社会保险。

大学生创业扶持政策

扶持方式	政策内容
创业基金	拜丽德全国大学生创业基金"千万亿"工程:针对全国高校在校大学生,以10人团队为一资助单位,每个项目投资的额度为10万元
小额担保贷款	可按照有关规定向银行申请2年期限最高5万元的小额担保贷款
贷款财政贴息	小额担保贷款财政贴息50%
税费优惠	注册之日起3年内免交登记类、证照类和管理类的行政事业性收费;大学毕业生在毕业后2年内自主创业,注册资金50万以下允许分期到位;大学毕业生新办指定行业经批准,最多免征或减征企业所得税2年
创业培训	加强创业课程设置和师资配备,对参加创业培训的创业者给予职业培训补贴

(二)鼓励大学毕业生应征入伍

为积极鼓励高校毕业生应征入伍服义务兵役,教育部、财政部、中央军委联合参谋部、公安部等部门以空前力度出台八个方面的政策,鼓励更多有志青年投身军营报效祖国、成长成才。

1. 八个方面的政策内容

- 对应届高校毕业生实行预征制度,在5、6月进行;
- 高校毕业生应征入伍服义务兵役,将由政府补偿相应学费,代偿助学贷款;
- 服义务兵役期间,在选取士官、考军校、安排到技术岗位等方面优先;
- 具有普通高等学校本科以上学历、取得相应学位、表现优秀、符合中央军委政治工作部有关规定的可以直接选拔为军官;
- 退役后参加政法院校为基层公检法定向岗位招生考试时,优先录取;
- 具有高职(高专)学历的,退役后免试入读成人本科,或经过一定考核,入读普通本科;
- 退役后报考硕士研究生初试总分加10分;
- 荣立二等功及以上的,退役后推荐免试攻读硕士研究生,也可根据需要参照应届高校毕业生办理就业报到手续。

2. 优惠政策力度大、措施实,凸显了四个方面的亮点

(1)高校毕业生应征入伍相当于免费上大学

国家为应征入伍服义务兵役的高校毕业生补偿相应学费,代偿助学贷款。代偿对象范围广泛,包括应征入伍服义务兵役的中央部门和地方所属全日制公办普通高等学校、民办普通高等学校和独立学院的应届全日制普通本专科(含高职)毕业生、毕业研究生、第二学士学位毕业生;高校毕业生入伍之初就可一次性获得每人最多2.4万元的学费补偿或助学贷款代偿,全部由中央财政拨付。

(2)高校毕业生参加预征不影响其就业

国家制定的预征政策充分尊重和保护毕业生自主择业的权利,即参加预征的毕业生经过体检、政审被确定为预征对象后,仍然可以选择就业;对于离校时户籍已迁回原籍,但未能入伍的高校毕业生预征对象,如落实了新的就业单位,可根据有关规定,向原就读学校申请办理就业改派手续,毕业生就业地公安部门凭毕业生所持的"全国普通高等学校毕业生就业报到证"为其办理户口迁移手续。直辖市按照有关规定执行。

(3)高校毕业生服役期满择业可参照应届高校毕业生办理就业和户档迁转手续

入伍高校毕业生退出现役后,可参照高等学校应届毕业生,凭用人单位录(聘)用手续,向原就读高校再次申请办理就业报到证并办理户档迁转手续。申请办理就业报到证的期限从退出现役当年的12月1日起至次年12月31日止。

(4)高校毕业生服役期满享受更多升学优惠

服义务兵役的普通高职(高专)毕业生退役后,可持相关证件,按户口或工作所在地省级成人高校招生办公室的规定申请免试进入成人高等学历教育高校专科起点升本科学习,或者按户口所在地省级招生考试机构或相应机构的规定报考普通高校专科起点升本科,并享受招生计划单列、单独划线、按计划数录取的优惠政策。

四个优先
优先报名应征
优先体检政审
优先审批定兵
优先安排使用

优先选拔
使用

学费补偿
和国家助
学贷款代
偿

京沪非本
地生源在
当地入伍
可落户

家庭享受
军属待遇

退役后考
学升学优
惠、就业
服务

【案例阅读】

肖利丽——不爱红妆爱武装

2002 年 9 月,肖利丽考入广西大学植产专业,同年 12 月参军入伍,在云南省军区某部话务连服役;2004 年 9 月考入重庆通信学院无线通信指挥大专班,2006 年 7 月专升本,2007 年 6 月加入中国共产党,后为重庆通信学院通信与信息系统专业硕士研究生。

2002 年,从小就对绿色军营有着美好憧憬的广西大学大一新生肖利丽,得知在广西招收大学生士兵的消息后欣喜若狂,第一个冲到报名点报了名。最后,她如愿来到云南,成了一名普普通通的话务员。

刚开始,面对艰苦而又火热的军营生活,她有点"水土不服"。理想与现实的落差,使她一度想要放弃,渴望早日回到大学里。指导员见她情绪有些异常,便找她谈心,了解情况后,指导员语重心长地说:"当兵是有志青年为国家尽义务,是青年建功立业的舞台。"指导员还带她参观了连队荣誉室,介绍了大学生士兵人才培养的相关政策等。肖利丽回到宿舍后,在日记本上写下这段话激励自己:"错过了晨曦,可以欣赏晚霞。我尽管缺少了大学生的洒脱,但我更增添了军人的坚韧与刚强。"

肖利丽把百倍的努力投入训练和工作中,由于出色完成通信保障任务,她第一年就被评为"优秀值机员"。登上领奖台时,她的笑脸像花儿一样灿烂。

入伍第二年,肖利丽得知:退伍的大学生士兵在广西大学可以任意自选专业,毕业后还可直接安排到一些较好的单位就业。这时的肖利丽又一次站在选择的路口:"是留在部队还是回去上大学?"她不甘心军旅生涯这样草草"收兵",毅然决定报考军校,向着成为军官的目标迈进。

大学生再考军校,对肖利丽来说并不困难。指导员发现这个女秀才后,就让她在连里发挥"酵母"作用,给战友当小教员,带着战友一起备考复习。在她的辅导和带动下,连队当年包括她在内共有 9 名士兵考上了军校。

重庆通信学院对大专生没有过英语四六级的硬性要求,肖利丽便毫不犹豫地报了名,她还要争取专科升为本科。这期间,她付出的努力与汗水是常人无法想象的。

天道酬勤。肖利丽从专科到本科,再到硕士研究生,一步一个脚印,走得踏实而从容。这期间,她多次捧回"优秀学员""优秀共产党员"的大红证书。

回顾自己的成长足迹,肖利丽说:"如果没有当兵的经历,我难有今天的进步,是军营锻造了我坚强的意志和品格,给了我战胜困难的勇气和力量。"

(三)鼓励骨干企业和科研项目单位积极吸纳和稳定高校毕业生就业

为提高骨干企业人力资源质量和科研项目质量,充分发挥高新技术开发区、经济技术开发区和高科技企业集中吸纳高校毕业生就业的作用,加强人才培养使用和储备,对有技术专长的优秀高校毕业生,要采取相应的鼓励政策。

1. 鼓励企业更多吸纳高校毕业生

国有大中型企业特别是创新型企业要更多地吸纳有技术专长的毕业生。高新技术开发区、经济技术开发区和高科技企业要集中吸纳高校毕业生。高校毕业生掌握现代化知识和技术,符合这类单位的用人需求,因此,各地、各有关部门要根据实际情况制定具体的鼓励措施。

2. 鼓励困难企业更多保留高校毕业生

各地在实施支持困难企业、稳定员工队伍的工作中,要引导企业不裁员或少裁员,更多地保留高校毕业生技术骨干。支持困难企业更多地保留大学生技术骨干,按规定给予社会保险补贴、岗位补贴或职业培训补贴。对此,国家已经出台了一系列相关政策。

3. 鼓励科研项目聘用高校毕业生

由高校、科研机构和企业所承担的民族科技重大专项、"973"计划、"863"计划、科技支撑计划项目及 IT 家自然科学基金的重大重点项目等,可以聘用高校毕业生作为研究助理或辅助人员参与研究工作;而其他项目,承担研究的单位也可聘用高校毕业生。承担国家和地方重大科研项目的单位要积极聘用优秀毕业生参与研究:一是给予其劳务性费用和有关社会保险费补助,由项目经费列支;二是参与项目期间,毕业生户口、档案可存放在项目单位所在地人才交流机构;三是聘用期满,可续聘或到其他岗位就业,聘用期间工龄、社会保险缴费年限连续计算。高校毕业生参与科研项目,既可以促进科研的发展,又可以延长毕业生学习和研究时间,对缓解当前就业压力有积极作用。

(四)鼓励高校毕业生到中小企业和非公有制企业就业

各类中小企业和非公有制企业是高校毕业生就业的主要渠道。要进一步清理影响高校毕业生就业的制度性障碍和限制,为他们提供档案管理、人事代理、社会保险办理和接续、职称评定及权益保障等方面的服务,形成有利于高校毕业生到企业就业的社会环境。对企业招用非本地户籍的普通高校专科以上毕业生,各地城市应取消落户限制(直辖市按有关规定执行)。企业招用符合条件的高校毕业生,可按规定享受相关就业扶持政策。劳动密集型小企业招用、登记失业高校毕业生等城镇登记失业人员达到规定比例的,可按规定享受最高为200 万元的小额担保贷款扶持。

(五)鼓励高校毕业生自主创业

李克强总理提出了"大众创业、万众创新"的时代召唤,各种因素、各种动力都在吸引和推动着大学生进行自主创业。大学生创业之初大多没有精深的专业知识,但是他们有着明确的奋斗目标、积极的创新意识、潜在的创业潜能、务实的创业精神,并在创业过程中不断补充、更新、完善自己的知识和才能,最终为社会做出贡献,也为自己赢得令人瞩目的成绩。

1. 为鼓励高校毕业生自主创业、灵活就业,国家先后出台了一系列鼓励政策

(1)企业注册登记方面

程序简化。凡高校毕业生(毕业后 2 年内)申请从事个体经营或申办私营企业的,可以通过各级工商部门注册大厅"绿色通道"优先登记注册。其经营范围除国家限制的行业(包括建筑业、娱乐业及广告业、桑拿、按摩、网吧、氧吧等)外,一律开放核准经营。凡申请设立有限责任公司,以高校毕业生的人力资本、智力成果、工业产权、非专利技术等无形资产作为投资的,允许抵充 40% 的注册资本。同时,减免各类费用,自工商部门批准经营之日起,1 年内免缴登记类和管理类的各项行政事业性收费。

(2)金融信贷方面

享受优先贷款支持,适当发放信用贷款。对于能提供有效抵(质)押或优质客户担保的,金融机构优先给予信贷支持。同时,视贷款风险度的不同,在法定贷款利率基础上可适当下浮或减少上浮。

(3)税收缴纳方面

自工商部门批准其经营之日起 1 年内免缴税务登记证工本费。新办的城镇劳动就业服务企业(国家限制的行业除外),当年安置待业人员(含已办理失业登记的高校毕业生)超过企业从业人员总数 60% 的,经主管税务机关批准,可免缴所得税 3 年。

(4)企业运营方面

员工聘请和培训享受减免费优惠,政府人事行政部门所属的人才中介服务机构免费为其保管人事档案(包括代办社保、职称、档案、工资等有关手续)2 年,同时社会保险参保有单独渠道。

2. 各省市为了扶持当地大学生创业,也出台了相关的政策法规

(1)加强创业教育和培训,提高大学生创业意识

各高校要开设相关课程对大学生进行创业教育,加强创业教育师资队伍和教材建设。鼓励和支持大学生参加创业培训,落实创业培训补贴政策。勉励和支持有条件的地区和高校举行大学生创业大赛等活动,并尝试与有关风险投资基金等结合,推进高校毕业生创业。

强化创业服务,将大学生创业工作纳进各地创业带动就业工作总体计划,履行创业培训、项目开发、小额担保贷款等一体化运作和服务。充分利用大学科技园、经济技术开发区、高新技术开发区、产业园区等资源,建设创业实习基地及孵化基地。

（2）完善创业扶持政策

对高校毕业生初创企业,可按照行业特色,公道设置资金、职员等准入条件,容许注册资金分期到位。许可高校毕业生依照法律法规规定的条件、程序和合同商定将家庭住所、租借房、临时贸易用房等作为创业经营场合。对应届及毕业2年以内的高校毕业生从事个体经营的,自其在工商部门首次注册登记之日起3年内,免缴登记类和证照类等有关行政事业性收费;登记求职的高校毕业生从事个体经营而自筹资金不足的,可按规定申请小额担保贷款,从事微利项目,可按规定享受贴息扶持;对合伙经营和组织起来就业的,贷款范围可适当扩展。完善整合就业税收优惠政策,鼓励高校毕业生自主创业。

二、国家出台的最新大学生就业政策

2016年,为了进一步促进大学生就业工作,国家出台了一系列大学生就业新政策。

①鼓励高校毕业生到基层和艰苦地区工作。各级政府要为高校毕业生创造工作条件,鼓励毕业生到城市社区和农村乡镇基层单位,投身于教育、卫生、公安、农技、扶贫和其他社会公益事业。在艰苦地区工作2年或2年以上者,报考研究生的,应优先予以推荐、录取;报考党政机关和应聘国有企事业单位的,同等条件下,应优先录用。

②党政机关录用公务员和国有企事业单位新增专业技术人员和管理人员,应主要面向高校毕业生公开招考或招聘,并择优录用。

③鼓励各类企事业单位特别是中小企业和民营企事业单位聘用高校毕业生,政府有关部门要为其提供便利条件和相应服务。对企业跨地区聘用的高校毕业生,省会及省会以下城市要认真落实有关政策,取消落户限制。

④鼓励高校毕业生自主创业和灵活就业。凡高校毕业生从事个体经营的,除国家限制的行业外,自工商部门批准其经营之日起1年内免缴登记类和管理类的各项行政事业性收费。有条件的地区由地方政府确定,在现有渠道中为高校毕业生提供创业小额贷款和担保。

⑤为高校毕业生办理户口和人事档案手续提供便利。对毕业离校时未落实工作单位的高校毕业生,本人要求户口和人事档案保留在学校的,按规定,留2年。在此期间,档案管理机构对保管其档案免收服务费;本人要求将户口转回入学前户籍所在地的,公安机关应当按照户籍管理规定为其办理落户手续,人事、教育部门所属人才交流服务机构负责办理相关手续,人事部门所属人才交流服务机构免费提供人事代理服务。

三、人力资源和社会保障部即将采取的政策

①要把就业政策和宏观经济政策、产业政策协调推进,更多地创造就业岗位。

②多措并举,采取多种形式妥善做好化解产能过剩当中的职工安置工作。

③继续实施大学生的就业促进计划和创业引领计划,努力做好以大学生为主的青年就

业工作。

④继续加大职业培训力度,提高就业者就业创业的能力和职业转换的能力。

⑤继续推动创业带动就业。

⑥继续做好公共就业服务,特别是加大网上的服务力度,为广大就业者提供更加便捷高效的服务。

四、创新更加积极的就业政策

大学生就业难是由许多原因造成的,既有社会原因,也有历史原因。不过,没有就业的大学生已经成为一个庞大的社会群体。如果就业问题不能得到很好解决,可能会引起社会的不和谐、不稳定。

就业是关系经济升级、民生改善和社会稳定的大事。国家历来高度重视就业工作中存在的问题。相关部门要充分认识到做好就业工作的重要性,认真分析复杂严峻的就业形势,加强分析研判,进而采取切实有效的针对性措施,全力以赴做好就业工作。

(一)促进经济增长、产业结构转型升级与增加就业的良性互动

首先,在总体布局中要体现"就业优先"。通过健全完善产业政策、财政政策、税收政策、投资政策及收入分配政策,激励和引导有利于扩大就业的经济投入、产业调整、项目布局和企业发展,努力实现经济增长与扩大就业的良性互动。其次,要将经济增长方式转变与拓展就业空间结合起来。

在产业结构上着力发展就业容量弹性最大的第三产业,继续发展生产性服务业,培育新型消费产业,引导发展服务于社会管理和发展的社会组织、社会工作等服务性行业。

在经济形式上,鼓励民营经济发展;在企业类型上,支持发展具有比较优势的劳动密集型中小企业。同时鼓励劳动者通过自主创业发展微小型企业,通过创业带动就业岗位的增加。

(二)促进就业政策与结构调整相结合

一方面要在推动与生活相关的现代服务业的发展上下功夫,包括电子商务、社会服务、家庭服务、健康服务、养老服务等;另一方面要在推动与生产有关的现代服务业上下功夫,包括研发、信息、科技、物流、金融、咨询等智力密集型领域,实行鼓励支持创新研发带动大学生就业的政策。

在推动发展中,要切实落实相关的便利工商登记、财政支持、金融信贷、税收减免等扶持政策。就业和社会保险(放心保)政策要主动跟进,在小额贷款、就业资金扶持、社保补贴、岗位补贴等方面加大扶持力度,营造良好条件,引导劳动者进入这些领域就业创业。

(三)促进城镇化与农村劳动力转移就业的协调发展

在城镇化进程中,要注重城镇化和农村劳动力转移就业的协调发展,要加大基础设施的

投入,创新小城镇建设机制,建设一批产业集聚、企业集群、就业集中的新城镇,增强城镇就业功能。促进中小企业、小城镇和劳动密集型产业发展,通过扶持农副产品加工企业和劳动密集型产业,发展乡镇企业、鼓励农民工回乡创业等多种形式拓宽就业渠道。提高农村劳动力的就业能力,加大对农村劳动力转移培训的投入,建立政府主导、多方筹集的投入机制,完善、激励政策,引导农民工全面提高自身素质,努力适应新的工作、生活环境。

(四)建立经济发展和扩大就业的联动机制,健全政府促进就业的责任制度

要把解决好就业问题作为经济发展的优先目标,实施就业有限战略和更加积极的就业政策,通过稳定经济增长和调整经济结构增加就业岗位,建立经济增长与扩大就业联动机制。在制定经济发展规划、确定经济发展速度时,要优先考虑扩大就业规模的需要,使经济健康发展的过程成为就业持续扩大的过程。

综合运用财政、税收、金融、产业等各项经济调节政策促进就业,通过税收优惠、社会保险补贴、小额担保贷款等扶持性政策,鼓励企业更多吸纳就业,鼓励劳动者多渠道、多形式就业。积极帮扶困难群体就业,通过政府投资开发公益性岗位和开展就业援助行动,帮助他们尽快实现再就业。健全政府促进就业目标责任制和就业工作协调机制,强化政府促进就业的责任。

(五)创新扶持创业的体制机制

创业是就业之源,具有带动就业的倍增效应。要完善政府扶持创业的优惠政策,通过税费减免为创业者减轻负担;对创业开业资金缺乏的,给予小额担保贷款扶持;鼓励发挥各方资源优势,为创业者提供场地便利、创业孵化和跟踪服务。要继续推进创业示范城市建设,健全评估机制,发挥创业引领作用。要转变就业观念,增强劳动者特别是青年人的创业意识,努力营造良好的创业氛围。要完善扶持创业的优惠政策,形成政府激励创业、社会支持创业、劳动者勇于创业的新机制。

【任务驱动】

1. 怎样理解"以创业带动就业"这句话?
2. 简述创业和创新的关系。
3. 假设你是学校相关部门负责人,具体探讨如何在学校开展和实施创业教育。分组讨论,每组 4～6 人,列出调研提纲和行动计划,写出实施报告。
4. 假如你现在面临创业,请列出你的创业素质和能力。
5. 你认为什么是理想的就业?
6. 你做过假期工或其他社会实践活动吗? 你通过此类社会实践学到了什么?

第二章　职业生涯规划概述

职业规划就是对职业生涯乃至人生进行持续、系统的计划的过程。职业生涯规划是指针对个人职业选择的主观和客观因素进行分析和测定，确定个人的奋斗目标并努力实现这一目标的过程。职业生涯规划要求根据自身的兴趣、特点，将自己定位在一个最能发挥自己长处的位置，选择最适合自己能力的事业。大学生应当尽早进行职业生涯规划，甚至一入校就有较明确的职业意识，这样在大学期间的学习就会有很强的动力和明确的目的，清楚自己的优势和劣势，到大学毕业就不会出现就业恐慌。

【教学目标】

1. 理解职业生涯及职业生涯规划的含义特征和意义；
2. 了解职业规划的内容，掌握职业生涯规划的原则和方法；
3. 了解影响职业生涯规划的因素；
4. 了解大学生职业规划的现状和存在的问题。

【案例导入】

比尔·拉福的故事

美国知名企业家比尔·拉福从小就立志要当一名成功的商人。他的父亲是洛克菲勒集团的一名高级职员，他发现儿子很有商业天赋，机敏果断，敢于创新，但同时也缺乏必要的知识和历练。于是，父子俩进行了一次长谈，并描绘出职业生涯的蓝图。升学时，比尔·拉福没有像其他人一样直接去读贸易专业，而是选择了工科中最基础最普通的机械制造专业。这是因为做商贸必须具备一定的专业知识，在商品贸易中，工业品占绝大多数，如果不了解产品的性能、生产制造情况，就很难保证在贸易中得到收益。工科学习不仅是知识技能的培养，而且能帮助人们建立一套严谨求实的思维体系。清楚的推理分析能力、脚踏实地的工作态度，正是经商所需要的。在麻省理工学院的四年，除了学习本专业，比尔·拉福还广泛接触了其他课程，如化工、建筑、电子等，这些知识在他后来的商业活动中发挥了举足轻重的作用。

大学毕业后,比尔·拉福没有立即进入商海,而是选择考进芝加哥大学,开始了为期三年的经济学硕士课程。在这三年里,比尔·拉福掌握了经济学的基本知识,厘清了影响商业活动的众多因素,还认真学习了有关法律和微观经济活动的管理知识。几年下来,他对会计、财务管理也较为精通,在知识上已具备了经商的素质。

比尔·拉福拿到经济学硕士学位后考取了公务员,在政府部门工作了五年。正是在政府部门工作的五年,使年轻的比尔·拉福由稚嫩的热血青年成长为一名老成、处事不惊的公务员,并结识了各界人士,建立起一套关系网络,为自己后来的发展提供了大量的信息和便利条件。

五年的政府工作结束之后,比尔·拉福完全具备了成功商人所需的各种素质,于是辞职去了通用公司。在那里,比尔·拉福不仅为所学的理论找到了一个强大的平台,而且学习到了丰富的管理经验,并完成了原始的资本积累。

两年之后,他已熟练掌握商情与商务技巧,便婉言谢绝了通用公司的高薪挽留,开办了拉福商贸公司,开始了梦寐以求的商人生涯,实现了多年前的计划,此时他已经35岁。在此后的25年里,比尔·拉福的公司从最初的25万美元资产发展成了现在的200亿美元,他也成了美国商业圈的一个神话人物。

对于比尔·拉福的成功,2011年诺贝尔经济学奖得主托马斯·萨金特就曾在一本书里这样评价道:"急于求成在很多时候往往是欲速则不达,而适当推远理想反而是一种备战人生的最佳方式。比尔·拉福所拥有和依赖的,就是这种独特的智慧!"

人生最重要的事,不是现在站在何处,而是今后要朝哪个方向走,只要方向对,找对了路,就不怕路远。

【知识引导】

第一节 职业生涯规划概念

一、职业生涯的基本概念

(一)职业

古语曰:"知己知彼,百战不殆。"选择一份理想的职业,除了要知己,即认识自我,还要知彼,即了解职业。

社会学层面的职业概念有四个方面的内容:第一,与人类的需求和职业结构相关,强调社会分工;第二,与职业的内在属性相关,强调利用专门的知识和技能;第三,与社会伦理相关,强调创造物质财富和精神财富,获得合理报酬;第四,与个人生活相关,强调物质生活来源,并设计满足精神生活。从社会角度看,职业是劳动者获得的社会角色,劳动者为社会承担一定的义务和责任,并获得相应的报酬。

经济学层面认为职业是社会分工体系中劳动者所获得的一种劳动角色;职业是一种社会活动,具有社会性。职业具有经济性,即从国民经济活动所需要的人力资源角度来看,职业是指不同性质、不同内容、不同形式、不同操作的专门劳动岗位,是在职人员从事有偿工作的种类,是有劳动能力的人为生活所发挥的个人能力并为社会做共享的持续性活动。

总而言之,职业是社会分工的必然产物。职业是参与社会分工,利用专门的知识和技能,为社会创造物质财富和精神财富,获取合理报酬,作为物质生活来源,并满足精神需求的工作。

（二）职业价值

价值观是一种内心尺度,整合于整个人性中,支配着人的行为、态度、观察、信念、理解等,支配着人认识世界、明白事物对自己的意义和自我了解、自我定向、自我设计等;也为人自认为正当的行为提供充足的理由。此处的职业价值观,意在探讨人们在职业选择和职业生活中,在众多的价值取向中,优先考虑哪种价值。价值观具有下列特性:

1. 价值观是因人而异的

由于每个人的先天条件和后天环境不同,人生经历也不尽相同,每个人价值观的形成会受到不同的影响,因此,每个人都有自己的价值观和价值观体系。在同样的客观条件下,具有不同价值观和价值观体系的人,其动机模式不同,产生的行为也不同。

2. 价值观是相对稳定的

价值观是人们思想认识的深层基础,形成了人们的世界观和人生观。价值观是随着人们认知能力的发展,在环境、教育的影响下,逐步培养而成的。人们的价值观一旦形成,便相对稳定,具有持久性。

3. 价值观在特定的环境下可以改变

由于环境的改变、经验的积累、知识的增长,人们的价值观有可能发生变化。职业价值观可分为以下几种类型,各类型的基本含义如下:

（1）利他主义

总是为他人着想,把为大众的幸福和利益尽一份力作为自己的追求。

（2）审美主义

能不断地追求美的东西,得到美感的享受。

（3）智力刺激

不断进行智力开发、动脑思考、学习和探索新事物,解决新问题。

（4）成就动机

不断创新、不断取得成就、不断得到领导和同事的赞扬或不断实现自己想要做的事。

（5）自主独立

能够充分发挥自己的独立性和主动性，按自己的方式、想法去做，不受他人的干扰。

（6）社会地位

所从事的工作在人们的心目中具有较高的社会地位，从而使自己得到他人的重视与尊敬。

（7）权力控制

获得对某人或某事的管理权，能指挥和调遣一定范围内的人或事物。

（8）经济报酬

获得优厚的报酬，使自己有足够的财力去获得自己想要的东西，使自己的生活过得较为富足。

（9）社会交往

能和各种人交往，建立比较广泛的社会联系和关系，甚至能和知名人物结识。

（三）职业生涯

1.职业生涯的定义及内涵

生涯是生活中各种事件的演进方向和历程，统合了人一生中依序发展的各种职业和生活角色，表现出独特的自我发展形势。

职业生涯，简单地说，就是一个人终生的工作经历。一般认为，我们的职业生涯开始于任职前的职业学习和培训，止于退休。选择什么职业作为我们的工作，其重要性对于每个人来说都是不言而喻的。首先，我们未来的衣食住用行等各种需要，几乎都要通过我们的工作来满足；其次，现代人的大部分时间是在社会组织中度过的。从学校毕业后到退休前的几十年中，我们几乎每天都要和我们的工作打交道，因此，对于所从事的工作，我们自己是否喜欢，是否适合，是否觉得这份工作很有意义，都非常重要。所以，我们在选择职业的时候，应该慎重对待。中国有句古话叫"男怕入错行，女怕嫁错郎"，在一定程度上反映了职业对于我们每个人的重要性。

一个人的完整生命周期包括生物生命周期、社会生命周期、家庭生命周期和职业生涯周期。职业生涯这一概念包含以下几个方面：

①职业生涯是一个个体的概念，是指个体的行为经历。

②职业生涯是一个职业的概念，是指一个人一生的职业经历，包括外在职业生涯和内在职业生涯两个方面。前者是指我们所经历的招聘、培训、晋升、解雇、退休等；后者是指我们的主观因素，如需要、动机、能力、发展取向等。

③职业生涯是一个时间的概念，是指与工作相关的整个职业生涯期。

④职业生涯是一个发展和动态的概念，受各方面因素的影响。

2. 职业的分类

按照 2015 版《中华人民共和国职业分类大典》,职业可分为 8 个大类、75 个中类、434 个小类、1 481 个职业。这 8 个大类职业分别是:

①党的机关、国家机关、群众团体和社会组织、党群组织、企事业单位负责人。

②专业技术人员。

③办事人员和有关人员。

④社会生产服务和生活服务人员。

⑤农、林、牧、渔业生产及辅助人员。

⑥生产制作及有关人员。

⑦军人。

⑧不便分类的其他劳动者。

二、职业生涯发展与规划

（一）职业生涯发展

1. 职业生涯发展的含义

职业生涯发展是指为达到职业目标进行的知识、能力和技术的培训、教育等活动,也是个人逐步实现其职业生涯目标并不断制订、实施新目标的过程。

2. 职业生涯发展的类型

职业生涯发展分为职务变动发展和非职务变动发展两种类型。职务变动发展包括晋升与平行调动;非职务变动发展包括未发生晋升与未平行调动,但通过工作丰富化等来促进职业生涯发展。

（二）职业生涯规划

1. 职业生涯规划的含义

职业生涯规划由早期职业辅导运动发展而来,职业辅导运动起源于美国 20 世纪中叶,90 年代中期从欧美国家传入中国。它是指个人根据自身的主观因素和客观条件,确立自己的职业生涯发展目标,选择实现这一目标的职业,制订和安排相应的教育、培训、工作计划并付诸行动,实施职业生涯目标的过程。有自我分析、设定目标（分层次、阶段）、实现目标的策略和评估与修正四个方面的内容。

2. 职业历程

职业历程是指一个人从初步就业到退休的整个职业发展过程。这一过程可能是连续不

断的,也可能是间断的(中途下岗待业)。其发展有三个阶段:

(1)职业适应期

职业适应期包括由非职业心理向职业心理的转换,组织内外环境的适应,业务知识和技能的熟悉等。

(2)稳定发展时期

职业适应期结束后,相对稳定在一个职业单位,成为业务主管,逐步成为骨干或担任领导职务,这一时期即稳定发展时期,个人的职业生活能力处于最旺盛状态,是创造业绩、成就事业的黄金时期。

(3)职业结束期

个人因年老体弱或其他因素丧失了职业能力或职业兴趣,从而结束职业。

职业规划是职业历程的基础。职业历程发展顺利与否,职业期间创造的社会财富多少、个人发展的方向和水平,都因职业种类、从业地点和单位、担任职务的不同而显现出较大的个体差异性。因此,对于大学生来说,做好职业规划是一项重要课题。

3. 职业生涯规划需考虑的因素

职业生涯规划需考虑的因素应包括专业与技能、准确的信息、职业选择、工作和家庭的协调、发展与稳定、机会成本、避免职业陷阱、机遇与职业、业绩与职业成功、单一职业和多种职业等内容。概括来说,一是个人自身的因素;二是所在组织所提供的发展条件的因素;三是社会环境所给予的支持和制约因素。

4. 职业生涯规划的期限

职业生涯规划的期限,可划分为短期规划、中期规划和长期规划。短期规划,为5年以内的规划,主要是确定近期目标,规划近期完成的任务;中期规划,一般为5~10年,规划3~5年的目标与任务;长期规划,其规划时间是10~20年,主要是设定较长远的目标。

(三)职业生涯规划的过程

1. 职业生涯规划的六个步骤

第一步:确立志向;第二步:自我评估以及职业生涯机会评估;第三步:选择职业;第四步:确定职业路线;第五步:设立职业目标;第六步:付诸实施。

2. 职业生涯规划"5W"法

为自己设计职业生涯规划,一般采用简便易行"5W"法,即用5个"What"归零思考。这是一种被许多成功人士应用的方法:从问自己是谁开始,如果能够成功回答完5个问题,你就会得到最后的答案。这5个"W"分别是:我是谁?(Who am I?)我想做什么?(What will I do?)我会做什么?(What can I do?)环境支持我做什么?(What does the situation allow me to do?)我的职业与生活规划是什么?(What is the plan of my career and life?)

具体说来就是以下三个阶段：

（1）确立目标阶段

首先，择业者必须将社会的客观需要与正确的主观择业意向结合起来。这是因为，社会的客观需要为个人提供广阔的活动场所，让个人有用武之地，从而为社会创造财富；与此同时，个人的择业意向必须建立在正确的思想上，即应具备"为人类活动"的择业意向。其次，应建立健康的职业情感，找到正确的择业指南。

正确的择业观主要包含两个方面的内容：第一，正确处理好个人利益与社会整体利益的关系，在个人利益服从国家、集体利益的同时，不断完善自身；第二，确立正确的职业荣誉观和职业幸福观。

（2）职业的准备阶段

由于个人的情况不同，职业准备的内容和时间的长短也就不一样。那么，什么时间做职业生涯规划最合适呢？

职业生涯活动将伴随我们的大半生，拥有成功的职业生涯才能实现完美人生。因此，最合适的规划时间应是高中时代，这时人的个性已基本形成，面临的高考又是决定一生职业的重要因素。高考实际上就是在职业定位之前进行的相关测评，然后以此为据，做出职业生涯规划，再根据规划选定大学专业，这是最佳方案。这个方案可使人的职业生涯顺风顺水，沿着这条路走下去，走到某个驿站，就会发现，自己所走的职业轨迹是一条直线。高考之后再做，就会在高考时搭错车、跑错路。我们国家在这方面起步略晚，许多人到了大学才做。

大学生应该尽早确立"职业生涯"的概念，让职业规划从读大学的第一天就开始，进而与四年学习生活同步。一年级了解自我，二年级锁定感兴趣的职业，三年级有目的地提升职业修养，四年级初步完成学生到职业者的角色转换。这样就能清楚自己的优势和劣势，大学毕业时才不会就业恐慌，特别是面对当前的就业形势，如果不早规划，就要晚就业。

（3）职业选择阶段

这个阶段的特点，不再是自我准备，而是步入社会职业市场，进行实实在在的选择活动。

【案例阅读】

对于职业选择，我们的原则是：不能盲目跟风，必须根据自身实际情况出发。这里我们通过一个案例来阐述这个问题。

小储是电气工程及其自动化专业的一名学生，毕业后去了一家电气公司做销售工作。在小储的努力下，加上她本身的技术知识背景，其销售业绩连连上升，取得了不俗的成绩。但是，小储也发现销售工作心理压力很大，很累。所以在做了三年的销售后，她通过家里的关系回去做了技术的工作。但做了一年后，又发现技术工作非常枯燥，知识更新也很快，自己不太能跟上，而且收入也没有做销售时高，发展空间也不大，因此非常苦恼。小储把烦恼和身边的一些好朋友说了后，有个人脉关系很广的朋友推荐了一份电气销售主管的工作，待遇很不错，但是小储自己却很犹豫。

要走出现在的困境，小储必须要解决下面几个问题。

第一，技术和销售的工作都不可能完美，各自存在优势和劣势，那么它们的优势、劣势各是什么？对自身会产生什么影响？

第二，因身在其中看不清楚，所以必须明确自己的职业兴趣点到底是在哪个方面。结合自己的职业兴趣点，看自己更倾向于哪个方向。

第三，自己的能力、竞争力在哪些方面？自己更适合往哪个方向发展？

第四，自己在现单位的发展空间不大，如果真的适合做技术工作，那么自己后期应该怎样去发展？

第五，如果适合做销售管理工作，那么跳到朋友推荐的那家单位，会不会选错企业平台？适合自己发展的企业性质、企业规模、企业文化以及管理制度是否与其吻合？在这个环境下，它的行业背景以及发展趋势又是怎样的？借助这个起点，自己的职业发展趋势又是怎样的？

在一般职业人眼里，技术是稳定的工作，销售是不稳定的工作，但是销售比技术收入高。希望得到高薪的去尝试做销售，希望工作稳定的去尝试做技术。但是事实上，销售不代表高薪，技术不代表稳定。如果你不适合做销售工作，承担不了压力，也不能很好地胜任，那么有可能是物质精神双输，更不用说获得高薪。而技术方面的工作，现在知识更新日新月异，如果你不一直跟着跑，那么也会被后来者慢慢追上甚至被替代，也没有百分之百的稳定。

所以，最重要的还是要根据自己的实际情况和职场的实际因素，做好切实可行的职业规划，往适合自己的职业发展方向走。

(四)职业生涯规划的特性

职业生涯规划有以下四个特性：

1. 可行性

规划并非美好幻想或不着边的梦想，要有事实依据，否则将会延误职业生涯良机。

2. 适时性

规划是预测未来的行动，确定将来的目标。各项主要活动何时实施、何时完成，都应有时间和顺序上的妥善安排，以作为检查行动的依据。

3. 适应性

规划未来的职业生涯目标，牵涉多种可变因素，因此规划应有弹性，以增加其适应性。

4. 终身性

人生每个发展阶段应能持续、连贯地衔接。

（五）职业生涯规划的准则

1. 择世所需

设计职业生涯时，一定要分析社会需求。这就要求学生要学会换位思考，即"我想要什么"对应"社会需要什么"，"我想要怎样发展"对应"我怎样适应社会发展"。

2. 择己所长

任何职业都有一定的条件要求，都需要从业者掌握一定的技能。这就要求学生做到扬长补短，要注意扬长往往比补短更重要。

3. 择我所爱

兴趣往往是从业的最初动力。研究表明，兴趣与职业有明显的正相关性。

4. 择人所利

择业时要适度考虑个人、家庭和社会的预期效益，并尽可能将其最大化。即在由经济收入、社会地位和社会贡献等变量组成的函数中找到一个最大值。

降低"入错行"的可能性，增大从事自己理想职业的机会，是个人走向职业成功的有效途径和方法。

（六）影响个人职业生涯发展的因素

1. 进取心与责任心

进取心是使个体具有目标指向性和适度活力的内部能源，认真而持久的工作是个体事业成功的前提，具有进取特质的个体也就具有事业成功的心理基石。责任心强的人能够审时度势选择适度的目标，并持久地、自信地追求这个目标。因此，责任心强的人事业容易成功。

2. 自信心

自信为个体在逆境中开拓、创新提供了信心和勇气，也为怀疑和批评提供了信心和勇气，自信常常使自己好梦成真。没有信心的人会变得平庸、怯懦、顺从。喜欢挑战、战胜失败、突破逆境是自信心强的特点。

3. 自我力量感

虽然人的能力存在差别，但只要个体具有中等程度的智力，再加上善于总结经验、教训，善于改进方法和策略，那么，经过主观努力之后，许多事情是能够完成的。因此，可以把成功和失败归因于努力水平的高低和工作方法的优劣。

4. 自我认识和自我调节

了解自己的优势和劣势,以及与组织环境的关系,善于调节自己的生涯规划、学习时间等。

5. 情绪稳定性

稳定的情绪对技术性工作有预测力。冷静、稳定的情绪状态为工作提供了适度的激活水平。焦虑和抑郁会使人无端紧张、烦恼或无力,恐惧和急躁易使人忙中出乱。

6. 社会敏感性

对人际交往的性质和发展趋势有洞察力和预见力,善于把握人际交往间的逻辑关系。行动之前要思考行为的结果,设身处地为他人着想,乐于与人交往,能体察他人的感受。

7. 社会接纳性

在承认人人有差别和有不足的前提下接纳他人,社会接纳性是建立深厚的个人关系的基础。真诚对他人及他人的言语感兴趣,言语表达时认真倾听并注视对方。

8. 社会影响力

有以正直和公正为基础的说服力,有使他人发展和合作的精神,有一致性和耐力;善于沟通和交流;具有自信心、幽默感等对情感的感染力,仔细、镇静、沉着等对行为的影响力,仪表、身姿等对视觉的影响力,忠诚和正直等对道德品德的感染力。

第二节　职业生涯规划理论

西方职业生涯规划理论经过长期的发展,经历了从职业指导到职业生涯规划理论,从侧重于人与职业匹配逐步转向关注以人的生命历程的事业生涯为核心的过程,形成了科学的咨询指导策略并开发了诸多测评工具。

一、帕森斯人职匹配理论

1909 年,美国波士顿大学教授帕森斯在《选择一个职业》中提出,人与职业相匹配是职业选择的焦点。他认为,每个个体都有其独特的人格模式,每种人格模式的个体都有与其相应的职业类型。职业选择指的是个体在了解、认识自我的主观条件和职业需求条件的前提下,将个体的主观条件与职业需求相匹配。帕森斯提出的职业选择方法至今仍被广泛接受和采用。

（一）人职匹配理论步骤

①人员分析,评价个体的生理和心理特征。

②分析职业对人的职业素养要求并向求职者提供相关职业信息。

③人职匹配,即个体在充分了解自我的特点和职业要求的基础上,借助职业指导的帮助,选择一项既适合自己特点又有可能获得的职业。

（二）人职匹配理论类型

1. 因素匹配

因素匹配即需要专门技术或专业知识的职业与掌握这种技能或专业知识的择业者相匹配;或劳动条件较差的职业,需要有吃苦耐劳、体格健壮的劳动者与之匹配。

2. 特性匹配

若具有敏感、易感、个性强、理想主义等人格特性的人,宜从事审美性、自我情感表达的艺术创作类型的职业,如影视动画创作、艺术设计等。

人职匹配理论又称特性因素理论,是最早的职业辅导理论。特性因素理论强调个体特性与职业所需素质和技能（因素）间的协调与匹配。为了对个体特性进行深入细致的了解与掌握,特性因素理论十分重视人才测评作用。特性因素理论的职业指导是以对人的特性测评为基本前提的,它首先提出了在职业决策中进行人职匹配的思想。这一理论奠定了人才测评理论的理论基础,推动了人才测评在职业选拔与指导中的运用和发展。

二、霍兰德的职业性向理论

美国心理学教授约翰·霍兰德认为,职业性向包括价值观、动机和需要等,是决定一个人职业选择的重要因素。基于对职业性向的测试研究,他提出了"个性—工作适应性"理论,并将个体的职业性向划分为六种:现实型、研究型、艺术型、社会型、事业型和常规型。

（一）六种职业性向的内涵

1. 现实型

喜欢做使用工具、实物、机器或与物有关的工作;具有手工、机械、农业、电子方面的技能;爱好与建筑、维修有关的职业;脚踏实地,实事求是。

2. 研究型

喜欢各种与生物科学、物理科学有关的活动,具有极好的数学和科学研究能力;爱好科学或医学领域的职业;生性好奇,勤奋自立。

3. 艺术型

喜欢不受常规约束,从事创造性的活动;具有语言、美术、音乐、戏剧、写作等方面的技能;爱好能发挥创造才能的职业;天资聪慧,创造性强,不拘小节,自由放任。

4. 社会型

喜欢参加咨询、培训、教学和各种理解、帮助他人的活动;具有与他人相处共事的能力;爱好教师、护士、律师一类的职业;乐于助人,友好热情。

5. 事业型

喜欢领导与左右他人,具有领导能力、说服力及交往能力;爱好商业或与管理有关的职业;雄心勃勃,友好大方,精力充沛,信心十足。

6. 常规型

喜欢做系统整理信息资料一类的事情;具有办公室工作和数字方面的能力;爱好记录、整理文件、打字及复印机、计算机操作等职业;尽职尽责,忠实可靠。

(二)霍兰德职业人格类型

霍兰德认为,在大多数人的社会实践活动中,并非只有一种性向(一个人的性向中很可能同时包含着多种性向,如同时包含社会性向、现实性向、研究性向等)。性向越相似,相容性越强,则个体在选择职业时所面临的内在冲突和犹豫就越少。

根据霍兰德的理论,个体的职业兴趣可以影响其对职业的满意度。当个体所从事的职业和职业兴趣类型匹配时,其潜在能力可以得到最彻底的发挥,工作业绩也更加显著。在职业兴趣测试的帮助下,个体可以清晰地了解自己的职业兴趣类型和在职业选择中的主观倾向,从而在纷繁的职业机会中找寻到最适合自己的职业,避免职业选择中的盲目行为。尤其对于大学生和缺乏职业经验的人,霍兰德的职业兴趣理论可以帮助其做好职业选择和职业设计,成功进行职业调整,从整体上认识和发展自己的职业能力。

三、舒伯的职业生涯发展理论

舒伯是职业生涯规划辅导历史上继帕森斯之后的又一位里程碑式的人物。舒伯关于职业生涯的核心观点是自我概念。自我概念是我们对"我是谁"以及"我看起来像什么"的主观知觉,包括身体、社交、性格、感情、喜好、理智、职业、价值观和人生哲学等方面。他认为,职业选择的历程就是自我概念实现的历程。人有一种驱动力,不断地将理解到的真实的自己融入工作中去,在工作中实现自我。

舒伯依照年龄将每个人生阶段与职业发展相匹配,并将生涯发展阶段划分为成长阶段、探索阶段、建立阶段、维持阶段和衰退阶段。

（一）成长阶段(0~14岁)

这一阶段的主要任务是经由与家庭、学校中重要人物的认同而发展出自我概念。此阶段的一个重点是身体与心理的成长。通过经验可以了解周围环境,尤其是工作世界,并以此作为试探选择的依据。成长阶段的三个子阶段如下:

1.幻想(0~10岁)

以需求为主,角色扮演在此阶段很重要。

2.兴趣(11~12岁)

喜欢是抱负与所从事活动的主因。

3.能力(13~14岁)

能力占的比重较大,也会考虑工作要求的条件。

（二）探索阶段(15~24岁)

这一阶段的主要任务有自我概念与职业概念的形成、自我检视、角色尝试、学校中的职业探索、休闲活动与兼职工作。探索阶段的三个子阶段如下:

1.试探

会考虑自己的需求、兴趣、能力、价值与机会,会通过幻想、讨论、课程、工作等尝试做试探性的选择。此时的选择会缩小范围,因为仍对自己的能力、未来的学习与就业机会不是很确定,所以现在的一些选择以后并不会采用。

2.过渡

更加考虑现实的状况,并试图将自我概念实施。

3.尝试

已确定了一个似乎比较适当的领域,找到一份入门的工作后,尝试将它作为维持生活的工作。此阶段只选择可能提供重要机会的工作。

（三）建立阶段

这一阶段的主要任务是凭借尝试阶段以确定前一阶段的职业选择与决定是否正确。若自觉决定正确，就会努力经营，打算在此领域久留。但也有一些专业的领域，还未尝试就已开始了建立阶段。其子阶段如下：

1. 尝试

原本以为适合的工作，后来可能发现不太令人满意，于是会有一些改变。此阶段的尝试是定向后的尝试，不同于探索阶段的尝试。

2. 稳定

当职业的形态明确后，便力图稳定，努力在工作中谋取一个安定的位置。

（四）维持阶段

这一阶段的主要任务是守住这份工作，继续将它做好，并为退休做计划。

（五）衰退阶段(65岁至死亡)

这一阶段的主要任务是在体力与心理能力逐渐衰退时，工作活动将改变，必须发展出新的角色，先是变成选择性的参与者，然后成为完全的观察者。其子阶段如下：

1. 减速

工作速度变慢，工作责任或性质亦改变，以适应逐渐衰退的体力与心理。许多人也会找份代替全职的兼职工作。

2. 退休

有些人能很愉快地适应完全停止工作；有些人则适应困难，郁郁寡欢；有些人则老迈而死。

在上述舒伯的生涯发展阶段中，每一阶段都有一些特定的发展任务需要完成，每一阶段需达到一定的发展水平或成就水准，而且前一阶段发展任务的达成与否关系到后一阶段的发展。

1976—1979年，舒伯进行了为期四年的跨文化研究之后，提出了一个更为广阔的新概念生活广度、生活空间的生涯发展观。他将生涯发展阶段与角色彼此间交互影响的状况描绘出一个多重角色生涯发展的综合图形。这个生活广度、生活空间的生涯发展图形，舒伯将其命名为"生涯彩虹图"。

生涯彩虹图形象地展现了生涯发展的时空关系，更好地诠释了生涯的定义。每一个人的生涯彩虹图都是不同的，所以我们从彩虹图中可以看到不同的生涯规划。

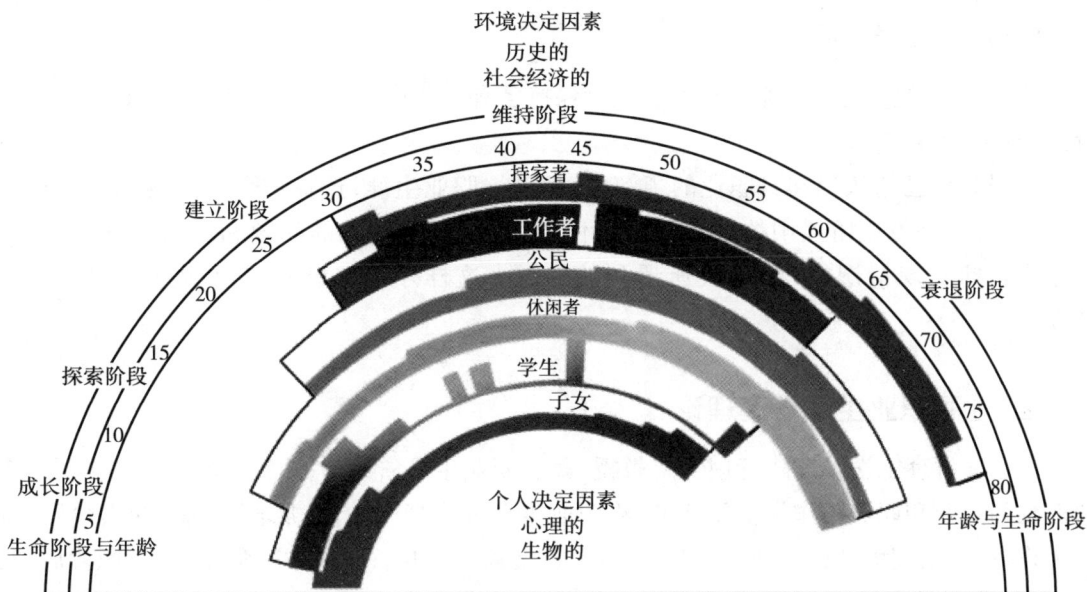

舒伯的职业生涯彩虹图

四、格林豪斯的职业生涯发展理论

美国心理学博士格林豪斯的研究则侧重于不同年龄段职业生涯所面临的主要任务,并以此为依据将职业生涯划分为五个阶段:职业准备阶段、进入组织阶段、职业生涯初期、职业生涯中期和职业生涯后期。

（一）职业准备阶段

典型的年龄阶段为 0～18 岁。主要任务:发展职业想象力,对职业进行评估和选择,接受必需的职业教育。

（二）进入组织阶段

18～25 岁为进入组织阶段。主要任务:在一个理想的组织中获得一份工作,在获取足量信息的基础上,尽量选择一种合适的、较为满意的职业。

（三）职业生涯初期

处于该阶段的典型年龄为 25～40 岁。主要任务:学习职业技术,提高工作能力;了解和学习组织纪律和规范,逐步适应职业工作;适应和融入组织,为未来的职业成功做好准备。

（四）职业生涯中期

40～55 岁是职业生涯中期阶段。主要任务:需要对早期职业生涯重新评估,强化或改变自己的职业理想;选定职业,努力工作,有所成就。

（五）职业生涯后期

从 55 岁至退休为职业生涯后期。继续保持已有职业成就,维护尊严,准备隐退,是这一阶段的主要任务。

根据对自己的认识和对职业的了解,合理设计职业生涯,选择适合自己的职业。根据发展目标,规划发展阶段中的具体目标和任务,预测可能出现的问题和提出解决办法,定期检查目标实现情况,及时解决所遇到的问题。这样才能保证对自己所选择的职业满意度。

五、施恩职业生涯发展理论

美国麻省理工学院斯隆管理学院教授、著名职业生涯管理学家施恩立足于人生不同年龄面临的问题和职业工作的主要任务,将职业生涯分为九个阶段:成长、幻想、探索阶段;进入工作世界;基础培训;早期职业的正式成员资格;职业中期;职业中期危险阶段;职业后期;衰退和离职阶段;离开组织或职业直到退休。

第三节 职业生涯规划的步骤与方法

一、大学生职业生涯规划的基本步骤

大学生职业生涯规划的基本步骤包括自我评估、外部环境分析、目标确立、策略实施、反馈修正五个环节。

（一）自我评估

对于大学生来说,主要了解兴趣、学识、技能、情商等与本人相关的所有因素。自我评估的结果可以通过自我剖析、职业测试以及角色建议等方法获得。

（二）外部环境分析

对于大学生而言,外部环境主要是指市场与用人单位等因素。在制订个人的职业生涯规划时,大学生要分析环境条件的特点、环境的发展变化、自我调适能力、适应与改造环境的能力等。

（三）目标确立

这是职业生涯规划的核心。在自我评估、外部环境分析的基础上,选择自己的职业方

向,确立职业生涯发展目标。例如,一位大学生准备成为一名出色的心理学专家,他可以为自己确立职业早期、中期、晚期等各阶段目标和总体目标。大学生在做近期规划时,主要是确立初次择业方向和阶段目标。

（四）策略实施

行动计划由长期和短期两部分组成,长期计划有诸多不确定因素,大学生要根据自身实际和经济社会发展趋势,不断修正与调整。

（五）反馈修正

为使职业生涯规划行之有效,需要结合实际情况不断对职业生涯规划的内容进行评估和修正。对大学生而言,反馈修正的主要内容包括职业方向的重新选择、各阶段目标的修正、实施措施与计划的变更等。

自我评估表

项　目	内　容	典型问题
生理自我	包括年龄、性别、相貌、身体健康状况等	我的年龄多大? 我的身体状况怎么样?
心理自我	包括性格、兴趣、意志、情感等方面的优缺点	我愿意做什么? 我适合做什么?
理性自我	包括思维方式、知识水平、价值观、道德水平的评价	我能做什么?
社会自我	包括自己在社会上扮演的角色,拥有的社会资源,在社会中的责任、权利、义务以及他人对自己的态度等	我有机会做什么?

二、大学生职业生涯规划的文案内容

职业生涯规划是对个体职业发展道路进行选择和设计的过程,规划的内容和结果应该在规划过程中及规划后形成文字方案。一般认为,一个完整有效的职业生涯规划方案应包括以下八项内容:

（一）标题

包括姓名、规划年限、年龄跨度、起止时间。

（二）目标确定

确立职业方向、阶段目标和总体目标。职业方向即从业方向,是对职业的选择;阶段目标是职业规划中每个时间段的目标;总体目标即当前可预见的最长远目标,也是特定规划中的终极目标。

（三）个人分析结果

个人分析结果包括对自己目前的状况分析和对自己将来的基本展望,同时也包括对自己职业生涯有一定影响的角色建议。

（四）社会环境分析结果

社会环境分析结果指对政治、经济、文化、法律和职业环境等社会外部环境的分析。

（五）组织（分析）结果

组织（分析）结果主要是对职业、行业与用人单位的分析,包括对用人单位制度、背景、文化、产品或服务、发展领域等的分析。

（六）目标分解与目标组合

分析制订并实现目标的主要影响因素,通过目标分解和目标组合的方法做出果断明确的目标选择。目标分解是根据观念、知识、能力、心理素质等方面的差距,将职业生涯中的远大目标分解为有一定时间规定的阶段性分目标;目标组合是将若干阶段性目标按照内在的相互关系组合起来,成为更有利的可操作目标。

（七）实施方案

首先找出自身观念、知识、能力、心理素质等方面与实现目标要求之间的差距,然后制订具体方案,逐步缩小差距,以实现各阶段目标。

（八）评估标准

设定衡量规划是否成功的标准,如果在实施过程中无法达到制订的目标或要求,应明确如何修正和调整。

职业与环境评估表

职业及环境项目	内　容	典型问题
职业	职业名称、工作职责、任职资格、发展前景等	我所从事的职业未来的发展方向如何?
组织环境	组织特征、组织发展战略、组织文化、组织人力资源需求状况、组织人力资源规划、薪酬福利等	我是否知道单位的企业文化、薪酬待遇、绩效考核制度等?
社会环境	经济环境、科技环境、政治与法律环境、社会文化环境、人口环境等	目前的就业趋势和就业政策是什么?

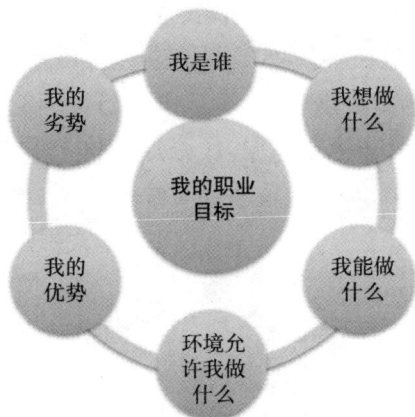

职业生涯规划内容

三、大学生职业生涯规划的实施策略

大学学制一般为 3 ~ 5 年,大学阶段每一学年的学习重点和心理特征均有所不同。

（一）探索期（大学一年级）

这一阶段的目标是认知和规划职业生涯。

具体实施方案:做好角色转化,重新确定学习目标和要求,开始接触职业和职业生涯的概念,了解专业和对口职业基本情况,进行初步职业生涯设计;提高交际沟通能力,积极参加社团活动,夯实专业知识基础,加强英语和计算机能力的学习等。

（二）定向期（大学低年级阶段）

这一阶段的目标是初步确定毕业方向及培养相应能力与素质。

具体实施方案:认识自己的需要和兴趣,确定自己的价值观、动机和抱负。考虑未来的毕业方向（深造或就业）,开始尝试社会兼职和社会活动,进一步强化英语和计算机应用能力,为求职做好积极准备。

（三）准备冲刺期（大学高年级阶段）

这一阶段的目标是掌握求职技能,为择业做好准备并成功就业。

具体实施方案:加强专业知识学习,积极参加相关职业资格证书考试或职业技能鉴定;学习制作个人简历、求职信等求职技巧,搜集就业信息;欲继续深造的同学,积极准备各类升学和深造活动,如 TOEFL、GRE 考试等;积极参加学院组织的各场大型招聘会;注重实习实训的经验积累等。

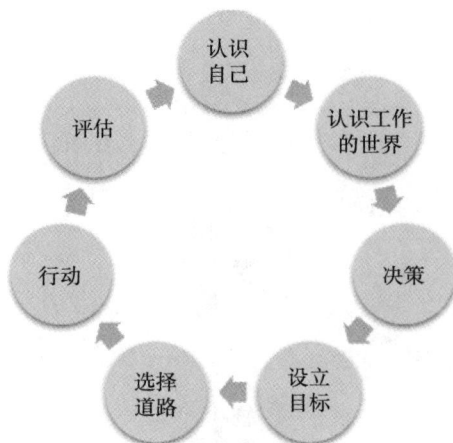

职业生涯规划步骤图

【任务驱动】

1.职业生涯规划对当代大学生有什么积极意义?

2.你的短期、中期、长期职业生涯目标是什么?

3.对一份你将来打算从事的职业进行详细的评估和了解。

4.制订一份适合自己的职业生涯规划。

5.请结合本章的学习内容,谈谈你认为什么是职业生涯和职业规划。

6.请在班级其他同学中做调查,了解有多少人有明确的职业生涯规划。

第三章　树立科学的就业创业价值观

人们的价值观对决定行为取向起着决定作用,在就业创业中也是如此。近年来,严峻的就业形势给政府、高校和大学毕业生提出了挑战。就业创业难是现实,但就业创业价值观更重要。加强就业创业价值观的培养,使大学生正确地认识自己,正确评价自己的能力和表现,知道自己"想干什么""能干什么""能干好什么",避免就业和创业"眼高手低"。同时,大学生也应正确看待就业和创业中遇到的挫折,树立健康心态,增强信心。大学生就业和创业只是人生发展中的一次重大转折。为适应职业需要,大学生应做好就业知识和能力方面的准备、职业道德准备,还应有充分的心理准备,调整好心态,勇敢地迎接人生的挑战。

【教学目标】

1. 掌握认识自我的方法;
2. 理解什么是正确的就业创业价值观;
3. 理解创业的含义;
4. 掌握大学生职业规划的内容。

【案例导入】

当前,我国高等教育已进入大众化时代。在校大学生达3 000多万人,毛入学率达30%,2015届全国高校毕业生人数已经高达700多万。我国将继续推进高等教育大众化的进程,到2020年实现高等教育毛入学率40%的目标,达到发达国家的水平。

大学生已不再是就业市场上的稀缺资源,而且大学生的就业压力还会越来越大。一方面,我们国家经济市场化改革进程加快,产业结构不断转型升级,经济增速放缓,移动互联网等新技术对传统服务业造成巨大冲击;另一方面,国际金融危机仍在持续,外需不旺,部分外向型企业发展失利,很多企业削减甚至取消了校园招聘计划,进一步加剧了本已十分严峻的就业形势。大学生就业难的客观原因很多,有高校专业结构不尽合理、就业市场不够完善、我国仍处于国际产业链分工的低端、有些企业人才"高消费"等,然而就个体而言,工作难找,非常重要的原因是自我认识不清楚、就业观念不正确、就业心态不合理。

在一次大型人才招聘会上,招聘方透露,前来应聘的八成多是应届大学生,而超过五成的应聘者求职盲目,不知道自己会干啥、能干啥。一家四星级酒店的人事行政总监陈先生表示:"比如我们提供的职位中有一个'前台接待',许多应聘者上来第一句话就是:'前台接待是做啥工作的? 我能不能应聘这个职位?'"半天的时间,陈先生需要一遍一遍地先给每个应聘者讲解什么是"前台接待"。

【知识引导】

第一节 正确认识自我,科学合理定位

一、正确认识自我

(一)"认识自我"的意义

找工作时,许多人都有过这样的疑问:"为什么我想要的工作不要我?""想做"和"能做"之间的差异在哪里? 求职失败,很大程度上是因为我们对自己不了解、定位不准确。

"凡事预则立,不预则废",大学生只有看清就业形势,端正就业心态,科学地进行职业生涯规划,才能做到心中有数,处变不惊。选择职业,要从正确认识自我开始。

(二)"认识自我"的内容

1. 职业兴趣

兴趣是最好的老师,兴趣是一种无形的动力。每个人都会对他感兴趣的事物给予优先注意和积极探索,并表现出心驰神往。美国著名职业指导专家约翰·霍兰德提出:一个人的职业兴趣会极大地影响职业的适宜度,当他从事的职业与其兴趣相吻合时,就可能发挥最佳水平,易于做出成就;反之,所从事的职业与其兴趣相悖,则很难有所成就。

2. 气质与性格

气质与性格是既有区别又有联系的两种不同的个性心理特征,二者在人的一切行为活动中起着重要的导向作用。

气质是人生来就具有的某种倾向性,是指在人的认识、情感、言语、行动中,心理活动发生时力量的强弱、变化的快慢和均衡程度等稳定的动力特征。它主要表现在情绪体验的快慢、强弱,表现的隐显以及动作的灵敏或迟钝方面。

人的气质分为四种:热情的胆汁质、开朗的多血质、冷静的抑郁质、沉稳的黏液质。不同气质类型的明显区别是:胆汁质的人是急性子;黏液质的人是慢性子;多血质的人兴趣容易转移,爱好广泛;抑郁质的人性格孤僻,不愿与人交往。

有人用四季来形容四种气质类型,对应如下:多血质——春;胆汁质——夏;黏液质——秋;抑郁质——冬。

性格是表现在人对现实的态度和相应的行为方式中的比较稳定的、具有核心意义的个性心理特征,是一种与社会关系最密切的人格特征。性格主要体现在对自己、对别人、对事物的态度和言行上。性格是在社会生活中逐渐形成的,同时也受个体的生物学因素的影响。

性格表现一个人的品德,受人的价值观、人生观、世界观的影响。性格有好坏之分,能最直接地反映出一个人的道德风貌。

本性和性格的区别:性格是后天形成的,比如腼腆、暴躁、果断和优柔寡断等。本性是人天生所具有的、不可改变的思维方式,比如自尊心、虚荣心、荣誉感等。人的本性包括求生的本性、懒惰的本性和不满足的本性。

每个人都有与众不同的性格特质。性格与职业的最佳匹配能使我们成为更有效的工作者,可以促进我们对工作的兴趣。

有人说,性格决定命运。的确,纵观历史,很多人物的成败、命运都是他们难以克服的性格造成的,例如:

拼搏不息的自信型性格——林肯、孙中山。

创造命运的思考型性格——司马迁、贝多芬。

勇于拓荒的开拓型性格——哥伦布、比尔·盖茨。

信念不泯的坚忍型性格——司马懿、诸葛亮。

反应迅速的敏感型性格——曹操。

恬静深刻的孤独型性格——林黛玉。

挑战常规的叛逆型性格——贾宝玉。

3. 能力

大学毕业生既要对自己的各项能力进行盘点,又要善于根据企业需要不断调整、锻炼自己的能力。

能力包括语言理解、数量关系、逻辑推理、知觉速度、空间知觉、综合分析、动作协调、沟通表达、团队协作、专业技能等。

学生和职业人对能力的关注点是不同的。

学生的关注点:成绩、学习能力(记忆力)、思想、概念、个体自由;职业人的关注点:绩效、学习能力(将知识转化为绩效的能力)、团队、行动、整体责任。

大学生的主要目的是学习,职业人主要是完成上司交办的工作任务。学习主要看学习能力,包括理解、逻辑思维、记忆能力等;职业工作需要的能力很多,包括沟通、协调、学习、操作、洞察、计划、领导、实施力等。

在所有能力、素质中,工作态度往往最为重要。员工的工作态度是大部分企业最为看重的,上司把工作态度看得比专业知识更为重要,他们认为,一个人的知识技能可以通过培训获得和提高,但工作态度很大一部分受个人的生活习惯、生活环境、个人性格影响,一旦养成很难改变。

用人单位最喜欢的工作态度是准时、诚实、可靠、稳定、主动合作、善于学习、幽默、乐于助人等。用人单位最不喜欢的工作态度是懒惰、迟到、缺席、不忠实、精神不集中、太少或太多野心、被动、不诚实、不合作、没礼貌、不守规则、破坏、不尽责、无适应能力等。

二、确立自己的职业目标

大学生要根据自身能力、环境条件、社会需求确立职业目标。根据专业,了解相关行业,如计算机行业的毕业生要了解以下信息:

与专业直接相关的职位,如计算机专业——计算机维护、网页设计、程序设计、数据库应用、安全防护、结构化布线、图像处理、动画设计。

与专业间接相关的职位,如计算机打字员、速录人员、文员、会计电算化人员、网络营销人员。

与专业无直接关系的职位,即转行。

第二节　树立正确的就业价值观

就业价值观是人生价值观的反映。人生观是人们在实践中形成的对人生的目的和意义的根本看法,决定着人们实践活动的目标、人生道路的方向和对待生活的态度。

一、当前大学生的不良就业价值趋向

(一)只顾眼前利益,忽视职业发展

一些大学生在择业标准中只有工作条件、收入等眼前实在利益,对自我的职业兴趣、能力、职业的发展前景等因素不作考虑,因而通常选择了并不适合自己的职业。

什么是"好工作",下判断还为时过早。对于一个没有任何工作经历的大学生来说,对好工作的理解,多半来源于长辈和社会舆论。一味追求自己并没有实践过的"好工作",并希望"一步到位",不一定有利于确定自己在社会中的位置,实现自身的价值。

人人都满意的"好工作"是有限的。大学生就业首选大城市、大单位,这是人之常情。但是,找不到自己理想中的工作怎么办? 何况,随着大学毕业生人数的增多,就业竞争会更加激烈。大学生步入社会,首先要解决生存问题,有生存才可能发展。其实,并不是只有大城市、好单位才能施展才华,小地方也能提供机会。关键是看自己,如果没有真本领,即便到了一个"好单位",也随时有被淘汰的危险。

（二）求安稳，求职一次到位的传统观念根深蒂固

很多大学生仍然喜欢稳定、清闲、福利保障好的单位，而不愿意选择有风险、有挑战性的工作，更不敢自己创业。

一个人的职业生涯，不可能在一个单位完成，而职业生涯的每一个环节，无论是在大城市还是小地方，在大企业还是在乡村，只要用心，处处留心，都能积累经验，增长见识，并为长远的职业生涯发展奠定基础。

（三）过分强调专业对口，学以致用

在求职时，与自己专业关系不密切的职业就不考虑，这样做只能人为地增加自己的就业难度。

一味地高标准定位，盲目性太强，把自己圈在狭窄的就业范围中也容易高不成低不就，从而在求职中屡屡碰壁。

（四）职业意义认识不当

许多大学生仅仅把工作当作一种谋生的手段，没有充分认识到职业对个人发展、社会进步的重要意义。职业是劳动者谋求发展、实现和创造自身价值、完善自我的重要途径。

【案例阅读】

求大求高未必好，适合的才是最好的

小王和小林在大学时是睡上下铺的好友。毕业时，小王认为，个人要想发展，就应当进大公司去寻找广阔的发展空间，因为大公司名气大，牌子硬，管理规范，发展的机会很多，所以，他立志要到大公司去实现自己的梦想，并且通过努力如愿以偿进了一家大公司。小林则认为，人在哪里工作不是很重要，重要的是要能施展自己的才能，实现自己的价值。他还认为，在小公司里，人少，个人发展的机会反而可能更多。所以，毕业时他找了一家小公司。

后来，在工作实践中，由于小王所在的公司人才济济，他只能做一些与自己的专业没有什么关系的杂活，在相当长的一段时间里，他所在部门的重要工作都由领导安排其他人去做，根本轮不到他去实现自己的梦想。小林的公司则由于人手少，有了事情大家一起干，工作成果见效快，他的才能在这里也很快就显露出来。不久，小林的公司由于业务发展了，成立了一个公关部和一个策划部，由他出任策划部经理，负责招聘一批年轻人来部门工作。小王和小林经过一段时间后，一个是郁郁寡欢，很不得志；一个则是如鱼得水，快马加鞭。

二、树立科学的就业价值观念

改变一次就业和高薪就业的观念，要有多次就业和降低标准的思想准备。改变一步到位的观念，树立逐步到位的观念；不挑肥拣瘦，从最基层干起。职业的选择需要在社会不断

磨炼慢慢确定；职业没有高低贵贱之分，行行出状元。

基层大有可为。古人云："宰相必起于州部，猛将必发于卒伍。"大学生要树立"重事业，轻待遇；重发展，轻地域；先生存，后发展；先就业，后择业"的择业观，树立主动到祖国需要的地方干一番事业，踊跃到基层锻炼的成才观。在基层的实践中丰富自己，砥砺意志，提高业务能力。

我们要从小事做起，才能成就大事。不拒绝做小事，注意每一个细节，这对一个人的一生都很重要。影响我们的生命和成功的往往不是大事。

同时，社会需要是每个人择业时首先务必要考虑的大前提。有需要才会有发展，国家和社会的需要为你今后施展才华提供了广阔的空间。

未来新的就业模式是一个由三个阶段构成的循环：就业、赚钱——将才智和精力投入新公司中，适应环境；充电、憧憬——通过不断学习来提高工作能力，寻找机会；择业、创业——这个职位或单位不再能满足你的发展。

三、做好职业生涯规划

所谓职业生涯规划，就是对决定一个人职业生涯的主客观因素进行分析、总结和测定，确定一个人事业的奋斗目标，并选择实现这一事业目标的职业，编制相应的工作、教育和培训行动计划，对每一步骤的时间、顺序和方向做出合理的安排。职业生涯是个人一生中所经历的一系列职业与角色的总称，即个人终身发展的历程。职业生涯规划是一个过程，规划的功能在于为生涯设定目标，并找出达成目标所需采取的步骤。

(一)职业生涯规划的必要性

其实我们一直都关心自己的发展，也使用一些方法，但是因为缺乏系统的规划，所以不少人从开始时就有违心愿，不太甘心；进社会之后，更加茫然。恶性循环的结果，是让自己的生涯路越走越迷茫。

有时选择比努力本身更重要。选择应该是努力的前提，而不是盲目努力之后再考虑如何选择。"自古不谋万世者，不足谋一时；不谋全局者，不足谋一域。"

(二)大学生关于职业生涯的困惑

目前学生关于职业生涯的困惑主要有：不知道自己能干什么；不知道自己想干什么；不知道自己适合干什么；不知道社会需要什么样的人；不了解自己所学专业未来的发展状况；不了解到哪里找工作；不知道现在该做些什么；不知是否应该升本、就业、出国。

职业生涯规划要着眼于长远发展。理想的实现是一个漫长的过程，需要一点一点积攒自己的能力。理想太远大，现实太残酷，理想与现实的差距是一条不可逾越的鸿沟。要认识到自己刚刚毕业，没有商场实战的能力和经验，所以不要太过理想化，否则，就是水中捞月，雾里看花。

在职业生涯发展的道路上没有空白点，每一种环境、每一项工作都是一种锻炼，每一个困难、每一次失败都是一次机会。

在职业生涯初期,我们可能做的是自己不喜欢而且不想一生从事的工作。要分清:喜不喜欢这份工作是一码事,应不应该做好这份工作、是否有能力做好这工作是另一码事。

切记:职业生涯发展是从做好本职工作开始的。当你还没有能力做好一件工作时,就没有资格说不喜欢。

中央电视台对工作三年后的大学毕业生跟踪调查发现,70%的人仍从事就业时的第一份工作。

(三)大学生职业生涯的内容

大学生职业生涯规划应包括评估自我、确定短期和长期目标、制订行动计划和内容、选择需要采取的方式和途径四个步骤。

下面以高职生为例,对大学生职业生涯规划建议如下:

1. 适应期(一年级上学期)

适应大学生活。做好以下六个方面:一是学习适应;二是人际适应;三是生活自理适应;四是环境的总体认同;五是异性关系的适应;六是自我定位的适应。

初步了解自己未来所想从事的职业或与自己所学专业对口的职业。

2. 定向期(一年级下学期)

了解未来职场的素质要求,有选择性地参加相关活动和实践:

①了解本专业的就业形势,初步确定职业目标,将就业的压力转化为整个大学阶段的学习动力。

②参加学生会或社团等组织,参与各项活动,锻炼自己的各种能力。

③课余时间尝试从事与自己未来职业或本专业有关的兼职工作、社会实践活动,并要有毅力,提高自己的责任感、主动性和受挫能力。

④提升英语口语能力,提升计算机应用能力,通过英语和计算机的相关证书考试。

⑤选择报名各种辅导班(考证、升学)。

3. 冲刺期(二年级)

①参加"大学生课外学术科技作品竞赛""大学生创业计划大赛",锻炼自己独立解决问题的能力和创造性。

②重视课程、毕业论文设计,撰写专业学术文章。

③参加和专业有关的实习工作,强化检验自身各项能力和技术。

④学习写简历、求职信,了解搜集工作信息的渠道,加入校友网络,并积极尝试。

⑤参加培训,获得某种行业准入的相关职业资格证书。

4.决定期(三年级)

可先对前两年的准备做一个总结:首先检验自己已确立的职业目标是否明确,前三年的准备是否已够充分,哪些需做些补充。然后,开始毕业后工作的申请,积极参加招聘活动,在实践中校验自己的积累和准备。最后,预习或模拟面试。积极利用学校提供的条件,了解就业指导中心提供的用人单位资料信息,强化求职技巧,进行模拟面试等训练,尽可能地在做出较为充分准备的情况下体现自己的能力。

第三节　树立正确的创业价值观

一、创业的含义

创业就是创业者运用自己所掌握的知识和所具备的能力,利用现有的资源,通过个人的努力,在特定的环境中努力创新、寻求机会,从而不断创造价值的过程。

从广义上讲,创业泛指在各个领域开创事业并且在特定领域内造成较大的影响,一般强调关系到国计民生的事业。

经济学意义上的创业是指通过利用各种资源,包括人力和资本来创造价值,以产品或服务的形式贡献给消费者,同时自身获取利润并取得发展的过程。创业首先是一个过程,强调各种要素和各个环节的有效集成;创业需要相关资源,资源是创业的基础;创业的直接结果是产出,产出可以是产品也可以是服务,但都必须是有用的或者说是有使用价值的;创业的直接目的是增值,没有增值过程的创业就没有意义,企业也不可能存活;创业具有发展特性。

二、创业的时代意义

创业是创立基业、创立事业的意思。我国目前经济发展进入转型期,调整结构,大众创业、万众创新可以解决经济领域的众多难题,因此,提倡创业具有重大的时代意义。

(一)劳动力供大于求的形势需要学生创业

面对我国劳动力总量供大于求、就业压力巨大的现实,大学生除了到已有的企事业单位就业外,国家、地方也都在相关政策下大力提倡毕业生探索自主创业,利用专利技术争取风险投资或政府小额贷款,创办民营公司,承包国有中小企业,或进军高科技、农业和第三产业,为社会创造更多的就业岗位。

（二）发展与变革的时代呼唤学生创业

在知识经济的发展浪潮中，美国的许多学生利用高科技自主创业，成为美国硅谷的中坚力量。

（三）创业能为社会创造巨大的财富，能为社会培养一大批中坚力量

学生创业为社会创造巨大财富和价值的例子不胜枚举。如远大中央空调有限公司生产的中央空调已成为国际知名品牌，产品远销欧美各地，每年上缴税金 1 亿多元，它的创办者张剑、张跃两兄弟就是毕业不久即自主创业的学生。

（四）学生创业挑战传统教育，并促使全新成才观形成

新世纪的学生创业浪潮涌起，对中国传统教育提出了挑战。挑战来自两个方面：一是同学们在创业中出现的问题暴露了传统教育存在的弊端；二是社会和学生对创业的需求要求教育进行及时的改革。

三、在大学生中开展创业教育的意义

了解创业教育的意义，也是理解创业之路在当今社会环境下的毕业走向趋势所在。

（一）民族伟大复兴需要大批创新型人才

2006 年 1 月 9 日，胡锦涛同志在全国科学技术大会上发表重要讲话《坚持走中国特色自主创新道路，为建设创新型国家而努力奋斗》，提出"党中央、国务院做出的建设创新型国家的决策，是事关社会主义现代化建设全局的重大战略决策"。

（二）解决就业矛盾需要大量创业型人才

大学生毕业后自主创业，或是在经过一段时间的工作锻炼后，在条件成熟的情况下实现自主创业，不仅可以从根本上解决大学生自己的就业问题，而且能为社会衍生出新的就业岗位，可谓"一箭双雕"。

（三）大学自身使命要求培养独立的人才

大学教育有两大使命，一是为社会培养所需的人，一是为社会培养具有独立人格、独立精神、追求真理、致力于人类发展的人。

（四）创业教育对培养人才具有特殊意义

是不是所有的人都适合创业？当然不是。创业教育只是为创业的人服务的吗？如果把创业教育孤立起来，那么就是纯粹的应用型课程。但是，开设这样一门课程的意义不限于培养出几个创业成功的学生，真正的意义在于塑造一种精神与气质，为大学生提供一种关注品

质塑造的教育,同时提升他们的综合素质与能力。

四、在校大学生创业常存在的误区

(一)眼高手低

由于醉心比尔·盖茨式的神话,IT 业、高科技业成为大学生眼中的创业金矿,以至于不屑于从事服务业或技术含量较低的行业。

(二)纸上谈兵

缺乏经验是目前大学生创业过程中普遍存在的问题,不少大学生创业者不习惯对其产品或项目做市场调查,而是进行理想化的推断。

(三)单打独斗

在强调团队合作的今天,创业者想靠单打独斗获得成功的概率是较低的。

五、创业者的基本素质要求

时代呼唤创业者,环境造就创业者。面临飞速发展的时代和纷繁复杂的环境,创业者必须具备特定的素质。

(一)创业者的心理素质

创业者的心理素质是指在创业实践过程中对人的心理和行为起调节作用的个性特征。心理素质属意志品质,也就是所谓的"情商"。它是人们面对不可知的环境和前途时表现出的一种信念和态度,因为创业的复杂性和不确定性,心理素质在创业的过程中占有举足轻重的地位。

据我国创业教育理论研究的最新成果表明,对创业活动具有显著影响的创业心理品质主要有六种:独立性、敢为性、坚韧性、克制性、适应性、合作性。

1. 独立性与合作性

独立性与合作性是相反相成的两种心理品质。独立性是指思维和行为很少受外界和他人的影响,能够独立思考、判断、选择、行动的心理品质。而合作性是指能设身处地为他人着想,善于理解对方、体谅对方,善于合作共事的心理品质。它们相互作用、相互制约,在创业实践活动中发挥重要的调节作用。

2. 敢为性与克制性

敢为性是指有果断的魄力,敢于行动、敢冒风险并敢于承担行为后果的心理品质。克制性是能自觉地调节和控制自己的情绪和感情,约束自己的行为,克服冲动的心理品质。敢为性与克制性也是一组相反相成的心理品质,在创业活动中交互作用,相互制约,起着重要的调节作用。

3.坚韧性与适应性

坚韧性和适应性是两种相辅相成的心理品质。坚韧性是指为达到某一目的,坚持不懈、不屈不挠并能够承担挫折和失败的心理品质。适应性是指能及时适应外界环境和条件的变化,灵活地进行自我调整、自我转换的心理品质。它们相互影响,交互作用,在创业实践活动中发挥重要的调节作用。

(二)创业者的决断素质

实施创业的第一步就是找准方向、严密论证,进而做出战略决策。创业环境中,政治的、经济的、文化的各种要素相互联系、错综复杂,任何方案都不是完备和确定的,这就需要创业者具有全局性的战略眼光和决断素质。

(三)创业者的知识水平和管理素质

知识水平是管理和决断的基础,管理素质是团队有效工作的保障。随着知识经济的发展,信息量和知识量以前所未有的速度增长,这使人们成为通才的梦想化为泡影。市场的日益动态化、复杂化,使得管理更加呼唤人性化和个性化。

1.知识水平

知识经济时代的创业者需要复合型的知识结构,包括两方面的内容:一是知识的广博性,二是知识的专业性。

2.管理素质

管理素质广义上既包括战略决断的素质,又包括日常管理的素质。这里谈谈日常管理的素质。

(1)协调能力

协调能力能够化解创业团队与竞争者之间、创业团队与客户之间的矛盾,能够为创业团队打造良好的形象,能够提高可信度,为合作打好基础。

(2)亲和力

亲和力是一种个人魅力,富有亲和力的创业者可以更好地团结同事和朋友,为交际、协调等带来方便。

(3)交际能力

交际能力包括表达能力和反应能力。表达能力是充分、有效地将自己的观点阐释给对方的能力。

(4)应变能力

应变能力是对客观环境的反应能力,是处事不惊、沉着应对的把握能力。

(5)判断能力

判断是管理和决策的基础。面对复杂多变的环境,如果没有判断力就不可能形成认识。

(四)创业者的学习和反思素质

在知识经济时代,专业知识增长迅猛,管理知识日新月异,不学习只能被淘汰。因此,创业者必须树立"活到老,学到老"的终身学习理念。只有具备在学习过程中掌握获取新知识、拓展新领域的能力,才能以最快的速度适应新的技术和环境。

第四节 大学生心理健康与就业心态调适

面对就业,大学生的心理是复杂多变的。通过大学生活,大学生在知识、能力与人格方面有了积极显著的发展,有着强烈的就业意愿和积极的就业动机,但是在就业过程中,难免出现种种心理矛盾、心理误区和心理障碍。

大学生就业期的心理问题主要有挫折心理、从众心理、嫉妒心理、羞怯心理、盲目攀比心理、自卑心理、依赖心理等,以及注重实惠、坐享其成的心态,过分强调自我价值等。为了帮助广大毕业生更好地认识这些问题,为就业做好心理准备和心理调适,首先从以下几个方面来分析大学生就业时一般存在的心理问题。

一、几种不良的求职心态

(一)羞怯心态

在求职现场丢下自荐书就跑,面对招聘者结结巴巴、面红耳赤,这样的人自然很难得到用人单位的赏识。

(二)依赖心理

一些大学生缺乏独立意识,外出总爱拉父母、同学相伴,或一帮学友共同应聘一个单位,希望日后相互照应,这种无主见和无魄力的毕业生只会被用人单位筛除。

(三)依附心理

自己不急于找工作,整天想着攀亲戚朋友的关系,拿钱买个职位。

(四)乡土心理

这些大学生不愿出远门,只愿在眼前的"一亩三分地"里就业,另有一些人毕业后为与另一半留守同一战壕而死守一方。这样的人鼠目寸光,难有作为。

(五)低就心理

与保守心理相反,这些人总觉得竞争激烈,自己技不如人,遂甘拜下风,不敢对自己"明码标价",就想找个"买家"草草卖出。有的毕业生对一些单位开出的不平等协议也闭着眼睛签订,给日后工作带来严重隐患。

(六)造假心理

假学历、假证书、假荣誉,并非求职的救命稻草,反而只会误了自己名声,毁了自己前程。

二、求职过程中出现的心理问题及矫治

(一)焦虑心理

当前激烈的就业竞争环境给大学生带来了较大的心理压力。面对职业选择,或只求好单位;或希望尽快落实就业单位,急于求成;或心存侥幸,幻想不付出努力而获得称心的工作。不少大学毕业生时常焦躁、忧虑、困惑、恐慌等,这是典型的焦虑心理。

(二)失落心理

现实就业岗位大多不像大学生想象的那么美好,当发现现实与理想的差距较大时,总会引发大学生的挫败感、失落感。

(三)矛盾心理

大学毕业生在求职择业的过程中,面临着各种心理冲突,产生种种矛盾的心理:希望自主择业,但又不愿意承担风险;渴望竞争,又缺乏竞争的勇气;胸怀远大理想,却不愿正视眼前现实;重事业、重才智的发展,但又在实际价值取向上重物质、重利益;对自我抱有充足的信心,但在遇到挫折之后,又容易自卑;既崇尚个人奋斗、自我价值实现,又有较强的依赖性;等等。

(四)自负心理

有的大学毕业生在择业过程中自我评价过高,择业条件苛刻,形成自负心理。有的大学生好高骛远,眼高手低,给用人单位留下浮躁、不踏实的印象。在应试中夸夸其谈,东拉西扯,甚至故意卖弄,给用人单位留下不可靠、做事不沉稳的负面印象。

三、树立健康心态,增强就业信心

大学生就业是人生发展中的一次重大转折,大学生要调整好择业心态,勇敢地迎接就业挑战。

(一)树立积极、负责任的心态

人生是一个整体，是一个连续变化的过程，找工作只是其中一个必经环节，跨越过去，后面还有无数的艰难险阻。

人活在社会里，是要背负责任的，这个责任与生俱来，不可推卸。如果努力了没有达到，只能说谋事在人、成事在天；如果还没有努力就放弃了，那就是对社会、对家庭和对自己最大的不尊重。

(二)要增强就业信心

①党和政府极其关心大学生就业。
②经济发展势不可挡。
③政策环境更加宽松、有力。
④学校重视，做了周密计划和安排。

有的大学生觉得工作难找，对就业失去了信心。如何看待这种现象呢？

应届大学生没有经验，期望值又高，对工作条件要求高，有时工作反而不好找。但随着经验的积累，大学生的工资很快会有所提高，特别是在长江三角洲地区，在产业升级换代的时代，人才是最宝贵的资产。大学生今天的吃苦受累很快会为明天的晋升打下基础。

有时人需要进行一些积极的自我暗示，不妨学学阿 Q 的精神胜利法。

【案例阅读】

某大学毕业生张文，考研的时候，专业成绩不错，外语只差 1 分，本来可以列为 3 类，可是在二选一的时候被刷掉了。于是，张文下决心考公务员，但是，谈何容易？连考三年，第一年、第二年，明明感到成绩不错，就是没有上线，第三年倒是获得了面试机会，但是，不过是多当一回分母而已。最终，公务员的梦还是没有实现。可是他不甘心，不肯脚踏实地去找工作，他认为打工就是地狱，公务员才是天堂，既然与天堂也只差一步，那就不能心甘情愿进入地狱。就这样，他将自己吊在半空中，不上不下，天堂不知何年有望，啃老倒是已成现实。

【分析】把事情理想化，求高薪资是年轻人择业的盲点。年轻人还是要以提高自身素质为前提，不要盲目追求利益，理想也需要有能力来实现。作为大学生来说，自己的职业生涯还基本是一片空白，首先要为自己定下目标，该往什么方向发展，选择的工作要能实现个人价值和目标。

刚毕业的大学生不应该把金钱当作好工作的首要标准，要做的是更快地提升自身素质，总结自己的工作经验，为丰富自己的工作经历打下良好基础。等有了一定的工作经验再打破金钱与理想的平衡也不迟。

【任务驱动】

1.结合霍兰德职业分类表,看看自己是哪种人格类型,适合从事哪种工作。

2.你认为自己的兴趣是什么?

3.你认为什么是正确的就业观?

4.在将来的就业中,你更喜欢稳定还是愿意接受具有挑战性的工作,比如创业?

5.你现在有将来的职业规划吗?

第四章 新时代大学生就业指导

大学生的就业,往往需要大学生在进校伊始就做好准备。进入大学的校园,我们的任务不光是学习,还应当充分利用学校的资源,从各种渠道吸收知识和学习方法,培养独立学习的能力和研究方法,为今后的社会工作打好基础;了解自己所学的专业和专业前景,从而对自己今后的就业有清晰明确的认识。

同时,大学生就业竞争日趋激烈,就业压力日渐加大。大学生在就业中往往处于弱势地位,一些招聘单位、中介机构或个人,利用大学生社会经验不足、自我保护意识差、求职心切等弱点,以提供就业机会为诱饵,采用违背道德、违反法律等手段,与大学生达成权利与义务不对等的就业意向或协议,使大学生受骗上当,合法权益受到侵害。因此,广大毕业生在求职过程中应学会识别和规避各种就业陷阱,增强自我保护意识,了解和掌握维权求助的途径,最终实现自己的权益保护。

【教学目标】

1. 了解大学学习生活给个人带来的改变;
2. 了解大学毕业生的就业去向;
3. 掌握就业权益的内涵、特点和基本内容;
4. 了解劳动合同与就业协议的异同;
5. 掌握与大学生就业相关的法律法规;
6. 树立就业权利意识,学会用法律维护自身合法权益。

【案例导入】

大学生竞聘殡葬业,理性选择还是无奈之举

殡葬业这个冷门行业在近几年一下子红火起来,大学生争相竞聘,甚至出现了100∶1的录用比例。大学生热衷殡葬业是理性选择还是无奈之举?

2009年年初,上海殡葬业首次面向大学生公开招聘。418个殡葬岗位吸引了5 000名大学生到现场咨询,其中还包括一些"海归"学生,并收到简历3 220份,有1/3的应聘者选中了"防腐整容师"岗位。

除上海外,杭州萧山区民政局殡葬管理所推出了炉工和营业员两个岗位,仅炉工这一个岗位就吸引了100多人报名,且绝大多数是大学毕业生。而北京殡葬系统计划招收5～6名大学应届毕业生,在半个月的时间里就收到了500多份大学生应聘简历,有近1/4是硕士研究生,录用比例达到100∶1。

有人认为,应聘殡葬业只是为了找到工作的无奈之举。"因为工作越来越难找,所以大学生才会把目光投向殡葬业。这和大学生卖猪肉、当船夫是同一个道理。"随着大学年年扩招,大学生已经不再是什么"稀罕物",面对极其严峻的就业形势,许多大学生只好降低择业标准,去竞聘保姆、环卫工、保安、理发师、办事员等岗位。

殡葬行业抢手反映大学生求职更加务实。湖南长沙民政职业技术学院现代殡仪技术与管理系相关负责老师告诉记者,近几年来大学生热衷殡葬业最重要的原因是人们的观念发生了改变,不再对殡葬业讳莫如深。其次,殡葬行业本身地位在提高,硬件软件发展都很快。作为天之骄子的大学生对自己的角色身份有了更加清醒的认识,职业无高低贵贱之分,只是社会的分工不同罢了。在当前经济社会,只要是凭借着自己勤劳的双手、聪明的脑袋挣钱,都应该受到尊重,而不该受到歧视。

【知识引导】

第一节　大学与大学生活

一、大学要学会的事

(一)学会学习

北大前校长蔡元培先生在《北大学刊》发刊词中写道:"大学者,囊括大典、网罗众家之学府也;大学者,研究高深学问者也。"进入大学的校园,主要任务是学习。大学生应当充分利用学校资源,从各种渠道吸收知识和学习方法,培养独立学习的能力和研究方法,为今后的社会工作打好基础,以便适应瞬息万变的未来世界。

(二)学会做事

学会做事即学会应用所获得的知识技能去分析和解决实际问题的能力。这种实践能力实际上还和具有创新意识与精神、勇于克服困难、善于同他人协作等心理品质相联系,是一种综合能力。在大学里,很多大学生积极加入学生社团组织,参与社团是步入社会前最好的磨炼。在社团中,可以培养团队合作的能力和领导才能,也可以发挥你的专业特长。更重要的是,你要做一个诚心诚意的服务者和志愿者,或在参与学生工作时主动扮演同学和老师之间桥梁沟通的角色,并以此锻炼自己的沟通能力。

(三)学会人际交往

对于如何在大学期间提高人际交往能力,首先,要以诚待人,以责人之心责己、以恕己之心恕人。对别人要抱着诚挚、宽容的胸襟,对自己要怀着自我批评、有过必改的态度。与人交往时,你怎样对待别人,别人也会怎样对待你。其次,培养真正的友情。如果能做到这一点,很多大学时的朋友就会成为你一辈子的知己。最后,提高自身修养和人格魅力。如果觉得没有特长、没有爱好可能会成为自己提高人际交往能力的一个障碍,那么,你可以有意识地选择和培养一些兴趣爱好,共同的兴趣和爱好是你与朋友建立深厚感情的途径之一。如果真的没有什么兴趣爱好,那么,多读些好书丰富自己的知识也可以改进自己的人际交往能力,因为没有什么比智慧和渊博的知识更能体现一个人的人格魅力了。

(四)学会生存

为适应社会的迅速变革与发展,大学生应学会掌握自己命运所需的基本能力,即思考、判断、想象、表达、情绪控制和社会交往等方面的能力。这些能力既是个人为完善自身的个性所需要的,也是作为社会成员发挥自主性和首创精神进行革新与创造的保证。

二、大学为未来的职业生涯做好准备

(一)什么是专业

一般而言,我国现行高校教育中所指的专业主要是指根据学科分类和社会职业分工,分门别类地进行高深专门知识教学活动的基本单位。按照专业设置组织教学,进行专业训练,培养专门人才是现代高等教育的重要职能之一。

专业的形成有其内在规律:一方面,社会分工的需要是专业的生命之源;另一方面,自然科学和社会科学的分化与综合以及高等教育自身的发展推动了专业的形成。古希腊哲学家亚里士多德首次对人类知识进行了系统的学科分类,专业的概念初现端倪。专业学习是大学学业最重要的组成部分,扎实的学业为未来的就业、创新创业开辟了道路。

(二)专业与职业的关系

选择适合自己的专业有利于未来的职业发展。如果说,职业理想和就业目标是目的地,那么专业学习就是通往目标的主要路线。所以,宽厚扎实的专业基础知识学习和较强的综合素质实乃职业发展之本,精深的专业知识是职业发展的核心竞争力所在。

但是,专业不完全决定职业,当前中国经济社会的发展让大学生有了充分的就业创业自主权。条条道路通罗马,成功的道路千万条,但专业学习是道路中最短的一条。

三、大学毕业生的毕业去向解析

党的十八大报告指出："实现更高质量的就业。就业是民生之本。要贯彻劳动者自主就业、市场调节就业、政府促进就业和鼓励创业的方针,实施就业优先战略和更加积极的就业政策。引导劳动者转变就业观念,鼓励多渠道多形式就业,促进创业带动就业,做好以高校大学生为重点的青年就业工作和农村转移劳动力、城镇困难人员、退役军人就业工作。"

(一)就业主渠道:民营企业

目前,70%的大学毕业生选择在民营企业就业,民营企业已成为大学生就业的主要渠道。民营企业具有体制灵活、市场反应快的特点,竞争力很强。民营企业不断发展壮大,必将成为未来迎战跨国企业强有力的生力军。

(二)就业"金饭碗":公务员

如何让公务员考试保持一个合理热度,需要国家的政策导向。随着现行国家公务员制度的不断完善和中国经济社会发展的整体进步,劳动者对公务员的选择会越来越理性与客观。

(三)扎根基层

面向城乡基层、中西部地区以及民族地区和艰苦边远地区就业。

(四)自我突破:自主创业

鼓励和支持高校毕业生自主创业的政策措施:
①鼓励高校积极开展创业教育与实践活动;
②税费减免与小额贷款;
③创业服务;
④鼓励、支持高校毕业生灵活就业。

第二节 大学生的求职路径

随着改革开放的愈加深入,高校毕业生的就业途径及流向越来越多元,呈现出多层次、多渠道、多方位的特点。下面介绍几种主要的求职路径。

一、学校推荐

学校推荐,即通过学校就业指导中心或学生工作处或院、系等部门推荐就业岗位。几乎所有的学校都安排专门人员负责毕业生的就业推荐工作。一是学生的就业状况从侧面反映了学校的教学水平,一个学校的毕业生在社会上供不应求,也能在一定程度上反映这个学校的办学质量,因此学校对此非常重视;二是许多用人单位还是习惯直接与各个高校或是学校教学单位联系用人事宜,特别是小规模的招聘,一般都到学校进行了解和宣传。这种招聘要求一定程度的专业对口,对专业性较强的毕业生来说,是一个重要的就业机会。因此,毕业生应经常到学校就业指导中心或院、系办公室了解就业信息,主动与院、系负责学生工作的老师保持联系,以便利用此方法轻松获取就业机会。

值得一提的是,毕业生更应积极关注校园招聘会,因为校园招聘会往往最贴近大学生。一是没有歧视,人人平等。只要有能力,就会有机会。而校园招聘会看中的是这所学校的学生与其需求之间的一致性。二是省时省力,命中率高。毕业生往往花费大量的时间、金钱去参加招聘会,由于针对性不是很强,参加几场招聘往往一无所获。而校园招聘会上的企业往往是看中了该校某些专业的人才,他们将招聘的目标锁定在这所学校的这些人才上,因此,求职的命中率比社会招聘会高得多。三是可信度高,值得信赖。在学校招聘,企业往往都要经过校方层层审核后方可入校招聘,因而这些单位往往比较可靠。有的学校还会向毕业生公布招聘单位的详细背景、招聘要求、福利待遇、薪酬水准等,让学生在求职前就对这些单位有较为真实的了解,能按照自己的要求去选择合适的企业。

二、社会各级人才市场

国家政策指导毕业生"自主择业"是我国高校毕业生就业工作的目标。随着市场经济的深入发展和劳动人事制度的进一步改革,社会上各级各类人才市场、中介机构如雨后春笋般涌现出来,同时毕业生择业的自主权越来越大。因此,通过人才中介的方式实现就业,也是毕业生求职就业的重要途径。在人才市场上,毕业生可以了解到各类不同的用人单位和具体职位信息,寻求面试锻炼的机会,掌握面试的技能,增强面试的自信心,也能为今后的求职转岗积累经验。它为毕业生求职提供的有利因素是信息量大,就业机会多,交流直接,服务便利。但这些招聘会的用人单位多以招聘有工作经验的人才为主,招聘对象也包括很多低层次的劳动力。即使号称是毕业生专场,仍可能混杂一些并不招应届生或借机做宣传充门面的单位。而且有的招聘会以盈利为主要目的,在组织管理、安全保卫等工作方面都有欠缺。毕业生可以通过参加这类招聘会来了解就业行情并就此熟悉社会,即使不能找到心仪的单位,也能够丰富自己的经验,把求职当成对自己的历练。

【案例阅读】

在学校举办的小型招聘会上,毕业生小李的父母亲在招聘会尚未开始时,就早早地到会场打听单位的情况。招聘会开始很久以后,小李才姗姗来迟,并由家长陪同前往用人单位摊位前面谈。面谈过程中,小李发言的时间还没有其父母多,结果谈了一家又一家,最终仍一无所获。

【分析】小李的问题出在择业过程中过分依赖他人,其实,依赖他人是难以选择到一份满意的工作的。现在的毕业生中,独生子女所占的比例越来越大,他们的生活一帆风顺,没有经历过什么挫折,再加上父母亲的过分呵护,客观上也培养了他们的依赖心理。这些毕业生大多缺乏主见,自我意识模糊,在择业中常会茫然不知所措,自己独立进行择业决策的能力差,以致在人才市场上,父母代替子女,亲友代替本人与用人单位洽谈的场面屡见不鲜。难怪有用人单位对依赖性过强的毕业生说:"你本人都要靠别人来推销,企业还能靠你来推销产品吗?"

三、网络招聘

网络招聘发展蓬勃,越来越受到用人单位和求职者的青睐,在众多招聘渠道中逐渐成为主流。

与传统的招聘手段相比,网络求职具有其他招聘方式所不能企及的优势:其一,信息量大,时效性强。在人才网站,可以随时查询数万条信息,而且信息更新速度快,每天更新的职位都很多,关注招聘网站,能在第一时间掌握用人需求。其二,人性化服务强。招聘网络的搜索引擎分门别类,通过网站可以轻松地对工作类别、地区和需求等条件进行全方位智能查询,快速、准确地查询到所需求的包括行业、职能、工作地点、工资等信息,方便各类各层次的求职者;对于企业的 HR 来讲,依托网站强大的人才资源库,很快就能搜索到自己所需要的人才,动用人力少且赢得了宝贵的时间。其三,无地域限制。网络空间可以延伸到全国各地乃至全球,这无疑给求职者创造了更多的就业机会。特别是异地求职者,不需要往返奔波,不需亲临现场,即可获得与其他求职者同等竞争的机会。其四,经济实惠。如果通过传统的求职方式,求职与招聘者要花去广告刊登、摊位租用、简历印刷、通信交通等大量费用,而现在只要一次性将供需信息扫描到计算机里,就可以发给多家网络招聘单位。

通过网络求职成功的比率在近一两年内已迅速提高,调查结果表明,近五成的网络求职者具有网络求职成功的经验,或认为这一方式比较容易成功。

有关调查还显示,已有近1/3的企业在招聘时采用了网上招聘的形式,但60%以上的企业在招聘过程中往往会选择2~3种方式的组合,以便获取更多更好的人才信息,尽量为企业选择到最合适的人才。

四、社会实践或实习

大学生社会实践有多种方式,如勤工助学、社会服务、毕业实习等。社会实践实际上是大学生开发就业信息的重要渠道。在社会实践过程中,不仅可以通过自己的努力赢得用人单位的认可,培养社会实践能力,积累社会经验,还可以有意识、有目的地关注行业发展趋势、人才需求状况、具体单位和岗位的用人要求等与大学生就业相关的问题,加强对职场的了解,提升自己的求职意识。

毕业实习是学生正式工作之前非常宝贵、很有价值的就业锻炼经历,通常被视为参加工作的演习、踏入社会的前奏,很多毕业生通过毕业实习实现了就地就业。因此,毕业生在选择实习岗位时,注意要以自己欲谋求的职业为标准,并利用实习加深自己所学的知识与技能,即使实习后不能被录用,如果自己的履历表上填上了实习这段历史,将来在毕业后谋职的竞争中也将处于有工作经验的优势地位。

五、人脉

据调查,招聘网站和招聘会两种渠道占招聘总量的80%以上,但还有一种求职方式令人不敢小觑,这就是人脉。人脉是前两种主流招聘方式的有益补充。每个人都会有人脉,关键要自己做一个有心人。老师、同乡,每个人都有,但很少有人认真想过,这些资源能给自己带来哪些机会,为了得到这些机会,我应该付出什么。再比如,每年学校都会举办各种有企业人力资源经理参加的讲座,这样的大好机会,有谁认真把握过?

在一些地方的中小企业,通过人脉招聘甚至会成为企业的主要招聘方式,很多企业的人事经理甚至认为其他招聘方式都不可靠,只有熟人介绍的才靠得住。这当然过分夸大了人脉的作用,比如大企业特别是跨国公司的招聘,通常是有组织有计划的,人脉的作用就相对比较小。但认识这些公司的员工,并对他们的工作情况有大致的了解,然后在面试中亮出来,一定能获得不少加分。因此,我们要做个有心人,在生活、学习、工作中充分积累自己的人脉。

第三节　就业协议

就业协议是《全国普通高等学校毕业生就业协议书》的简称,是高校毕业生与用人单位协商一致,明确双方当事人之间权利和义务关系的书面协议。如根据教育部和《辽宁省促进普通高等学校毕业生就业规定》的要求,应届毕业生在落实就业单位后必须与用人单位和学校签订毕业生就业协议。就业协议是毕业生与用人单位确立劳动关系的依据和标志,也是毕业生就业主管部门编制毕业生就业计划、制订就业方案的重要基础,是高校毕业生就业派遣的重要根据,也是政府统计高校毕业生就业率的重要依据。就业协议经毕业生、用人单位和学校签字盖章后生效,三方必须严格履行。毕业生应正确认识和掌握就业协议的内容、订立的原则和程序及注意事项。

一、就业协议的内容

就业协议是高校毕业生与用人单位确立劳动关系的法律文书,也是明确当事人之间权利义务关系的基本依据。

(一)规定条款

按照《普通高等学校毕业生就业工作暂行规定》的要求,为维护国家就业计划的严肃性,

明确毕业生、用人单位、学校三方在毕业生就业工作中的权利和义务,就业协议中应包含以下内容:

1. 签约各方必须遵守的规定和原则

本条款规定毕业生、用人单位和学校三方在签订就业协议的过程中必须遵守国家法律和教育部门的相关规定,应当坚持公开、公正、公平和诚实信用原则,应当遵守社会公德。不得采取欺诈、损人利己等不正当手段或做出违背诚实信用原则的不文明行为。

2. 毕业生应遵守的规定

本条款要求毕业生在签订就业协议时,本人的情况应当符合就业政策的相关规定,要了解国家对毕业生就业工作的方针政策,同时应当遵守有关的程序规定,并实事求是地向用人单位介绍自己在德、智、体等方面的实际情况,表明自己的就业意向。在签订就业协议前,毕业生还应当了解用人单位对毕业生的用工意图和拟提供的工作岗位,并结合自己所学专业和实际情况综合考虑是否选择到该单位就业。如毕业生对用人单位在工作期限、劳动保护、工作条件、工资报酬和福利待遇及违约责任等方面有特殊约定,应在"毕业生对用人单位约定"栏注明并经用人单位盖章后生效。

3. 用人单位应遵守的规定

用人单位与毕业生洽谈时,要如实介绍本单位的情况。应当将用人单位的工作地点、单位性质、生产规模、产品内容、工作条件和工资待遇,以及对毕业生所学专业的要求、具体的工作岗位等情况实事求是地向毕业生介绍,不得做虚假介绍,并应明确对毕业生的要求及用工意图。毕业生与用人单位签订就业协议后,持报到证到用人单位报到时,用人单位要做好接收毕业生的各项工作,如为毕业生办理人事关系、户口关系、档案关系的转入手续,介绍工作的具体安排,生活、饮食、住宿及厂规、厂纪等方面的情况。对于已取得毕业资格的毕业生,用人单位不得以学习成绩及其他理由违约或拒绝接收。用人单位也可以与未取得毕业资格的结业生签订就业协议,但应当同时出具同意接收结业生的证明。

4. 对学校的要求

一是学校作为签约的一方要实事求是地向用人单位介绍毕业生的情况,做好推荐工作;二是学校要对毕业生与用人单位签订的就业协议进行审核,即就业协议应符合国家的有关政策和学校的规定,学校将符合政策规定的就业协议汇总上报省就业指导部门审核批准后,列入就业方案下达给学校执行,由学校正式为毕业生办理就业手续并颁发报到证。

5. 体检要求

本条款是对毕业生的身体情况提出的要求。学校应在学生毕业前为毕业生安排一次体检,并给出结论性意见。体检合格的,学校颁发报到证;体检不合格者,学校不予派遣。同时,就业协议自行取消,由学校通告用人单位。如用人单位对毕业生的身体条件有特殊要求,原则上应在签订协议前进行单独体检,否则,以学校体检为准。身体不合格的毕业生,学校将要求其回家休养治病,待身体痊愈后,重新派遣。

6.签约三方约定要求

本条款强调:对毕业生、用人单位、学校三方在签订就业协议时,如有一些其他的事项或特殊的约定,应当在就业协议的备注栏中写明。应注意的是,对于其他的约定,一定要在备注栏中签字、盖章。否则,可能导致因其他约定发生争议。

7.履约和违约责任

就业协议经各方签字盖章后生效。三方均应严格履行就业协议,签约的一方因特殊情况提出变更协议,需经另两方同意,并由违约方承担相应的违约责任。承担违约责任的方式有赔礼道歉、赔偿损失、支付违约金等。

8.就业协议的持有

协议一式四份,毕业生、用人单位、学校、省毕业生就业主管部门各执一份,复印无效。

(二)签署意见与签字盖章

这部分包括两方面内容:

1.毕业生的情况及应聘意见

这部分必须由毕业生本人填写,包括姓名、性别、年龄、民族、政治面貌、培养方式、健康状况、专业、学制学历、联系电话、应聘方式和家庭地址等。在"毕业生应聘意见"一栏中,由毕业生填写自己的应聘意见,毕业生应表明自己是否愿意到用人单位就业。

2.用人单位的情况及接收意见

这部分由用人单位填写,包括单位名称、单位隶属、联系人、联系电话、单位性质和毕业生档案转寄详细地址等。在"用人单位意见"一栏内包括用人单位意见和用人单位上级主管部门意见。

(三)用人单位对毕业生的约定和毕业生对用人单位的约定

这是为毕业生、用人单位双方共同约定的其他条款所设定的,毕业生与用人单位约定的条款应不违反国家法律法规和有关政策、不违反学校的有关规定,且约定只在毕业生与用人单位之间产生效力,学校不应予以干涉。用人单位与毕业生的约定通常包括以下内容:

1. 工作期限

此条款包括服务期、见习期或试用期。毕业生可以与用人单位约定具体的服务期及相应的见习期或试用期的时间。见习期是指毕业生在参加工作的开始阶段所经历的接受考察和熟悉本职业务的期限。实行见习制度是为了使毕业生熟悉工作岗位，为以后工作打下基础。在见习期内，毕业生不能评定正式工资，只发给临时工资，见习期满后符合用人单位规定要求的即可转正，并从见习期满后的第一个月起享受正式职工的待遇，对于见习期内表现不符合规定要求的毕业生，用人单位可适当延长见习期，延长期限为半年至一年。试用期是用人单位和毕业生在建立劳动关系后为相互了解、选择而约定的考察期限。试用期的规定便于用人单位了解毕业生的全面情况，也有利于毕业生了解用人单位的情况。按照《中华人民共和国劳动合同法》(以下简称《劳动合同法》)的规定，试用期最长不得超过 6 个月，试用期不可延长。试用期满，毕业生符合录用条件的可以转正，不符合录用条件的则可以解除劳动关系。

2. 劳动保护和工作条件

这是对用人单位设定的义务条款。毕业生可以按照相应的法律规定，与用人单位约定具体的工作条件及相应的劳动保护。用人单位为毕业生提供的工作条件和劳动保护应当符合国家有关法律的规定。同时，毕业生也应遵守相关法律规定，不得向用人单位提出无理要求。

3. 工资报酬和福利待遇

此条款是对毕业生履行劳动义务后应享受的劳动成果的约定，也是用人单位依法支付给毕业生工资、奖金等方面的约定。这既是毕业生的权利条款，也是用人单位的义务条款。

4. 违反就业协议的责任

该条款强调毕业生和用人单位必须履行就业协议规定的义务并对违约承担相应的责任。

5. 就业协议终止的条件

签署就业协议时，应注意签约双方认为需要增加的约定条款。如毕业生升学的处理办法；工作后是否可以继续升学；毕业生调离用人单位的条件等约定。

(四)学校审核意见

学校审核意见包括院系意见和学校意见。院系意见是毕业生所在学校的基层初步审核意见，院系在就业协议上签署意见并签字盖章。学校意见是学校对就业协议进行实质性审核，在就业协议上签署意见并签字盖章。

二、就业协议的签订

（一）就业协议订立的原则

1. 主体合法原则

签订就业协议的当事人必须具备合法的主体资格。对毕业生而言，要取得毕业资格，如果学生在报到时未取得毕业资格，用人单位可以不予接收且无须承担法律责任。对用人单位而言，必须具有从事各项经营或管理活动的能力，单位应有录用指标和录用自主权。否则，毕业生可解除协议且无须承担违约责任。对高校而言，应根据用人单位的要求如实介绍毕业生的在校表现，并将所掌握的用人单位的信息发布给毕业生。高校在签订就业协议过程中应进行监督和指导。

2. 平等协商原则

当事人在签订就业协议时的法律地位平等，一方不得将自己的意志强加给另一方。学校也不得采用行政手段要求毕业生到指定单位就业（不包括有特殊情况的毕业生），用人单位亦不应在签订协议时要求学生缴纳风险金、保证金。

（二）就业协议订立的程序

就业协议的订立一般要经过要约和承诺等步骤。

1. 要约

毕业生持学校的就业推荐表参加各种形式的供需见面洽谈会，进行双向选择或向用人单位寄发简历，即为要约邀请；用人单位收到毕业生材料，对毕业生进行考查后，表示同意接收并将接收函寄给高校或毕业生本人，即为要约。

2. 承诺

毕业生收到用人单位接收函或得到用人单位答复后，从中做出选择，与用人单位签订协议，即为承诺。

毕业生和用人单位达成协议并在就业协议上签名盖章，用人单位应在就业协议上注明接收毕业生档案的准确名称和地址及邮政编码。

用人单位招聘如须经主管部门同意，则应报上级主管部门批准。

用人单位或毕业生签订协议后必须将协议书（一式四份）送到学校毕业生就业工作部门。

学校毕业生就业工作部门审核盖章同意后，一份协议书上报省就业主管部门，用作毕业生的派遣，一份学校备案，其余两份协议书及时反馈给用人单位和毕业生。

（三）就业协议的解除

就业协议的解除分为单方解除和双方解除。

1. 单方解除

单方解除包括单方擅自解除和单方依法或依协议解除。单方擅自解除协议属违约行为，违约方应对另两方承担违约责任。单方依法或依协议解除是指一方依法或依协议解除就业协议，如学生未取得毕业资格，用人单位有权单方解除就业协议；或依协议规定，毕业生考取研究生后，可解除就业协议，等等。此类解除方无须承担法律责任。

2. 双方解除

双方解除是指毕业生、用人单位经协商一致取消原订立的协议，使协议不发生法律效力。此类解除应是双方当事人真实意思表示一致的体现，双方均不承担法律责任。解除就业协议应办理解约的相关手续，在办理完解约手续后，毕业生才可以重新择业。

（四）办理解约的程序

就业协议生效后一般不允许解约。但因特殊情况，其中一方提出解约，须经过另两方同意后方能办理解约手续，如解约行为给另外一方造成损失，应承担相应责任。办理解约的程序如下：

原签约单位出具同意解约的公函（简称"退函"），它体现对用人单位或毕业生的知情权的尊重。退函要注明解约的原因，以确认违约方的责任。

毕业生持单位退函（若毕业生解约，须同时持有本人的解约申请书，注明申请事由及是否愿意承担违约责任等），到学校就业主管部门审核批准后，换发新的就业协议。

三、签订就业协议的注意事项

就业协议明确三方的权利和义务，具有法律约束力，也涉及毕业生的切身利益，因此，毕业生在就业签约时应注意以下几个问题。

（一）认真地了解和掌握国家和省、市有关就业的相关政策和法律规定

国家和地方有关毕业生就业的政策和法律规定，是毕业生明确择业方向、选择择业范围、确立劳动关系的依据，毕业生从中了解自己在择业和就业过程中可以做什么、不可以做什么，以及怎样去做。例如，关于择业期内户口、档案的迁移、保管等政策规定。

（二）慎重签订就业协议

毕业生在与用人单位签订就业协议前，要认真阅读协议书中的全部条款，特别要清楚用人单位提出的附加条款的内容和含义，应学会运用协议条款维护自己的合法权益，掌握签订

就业协议的具体步骤和程序。为此,毕业生在签订就业协议时,应当做到以下几点:

1. 查明用人单位的资质

签订就业协议的当事人必须具备合法的主体资格,一般而言,用人单位应具有依法从事各项经营或管理活动的资格和能力,并应有录用指标和录用自主权。

2. 按规定的程序签订协议

毕业生应通过与用人单位洽谈,并在双方意见一致后与用人单位签订就业协议,然后交学校就业管理部门审核。

3. 有关条款的内容必须明确

就业协议一般由国家或省级就业主管部门事先拟定。毕业生与用人单位经协商,如确有必要进行补充或增加,可以在就业协议中增加相应内容,但应语言规范,内容明确,不应产生歧义,特别是协议中涉及福利待遇、工作期限、违约责任等条款必须规范明确。否则,一旦发生争议不利于双方合法权益的保护。

4. 注意将就业协议与劳动合同相衔接

大学毕业生在择业时和就业后,先后与用人单位签订就业协议和劳动合同,两者既有联系,又有区别。由于毕业生就业协议签订在先,为避免此后订立劳动合同时产生纠纷,应尽可能将劳动合同的主要内容体现在就业协议的约定条款中,并明确规定此后订立劳动合同时应予确认。

5. 就业协议的解除条件可事先约定

就业协议一经订立,就对当事人具有约束力,一方不得随意解除。否则,应承担违约责任。

(三)注意约定条款的合法性、合理性和可接受性

目前,毕业生使用的就业协议是由教育部统一印制的,由于地区之间存在差异和用人单位之间各自情况的不同,就业协议中不可能规定得全面、详细,许多内容要由毕业生与用人单位约定。但是,毕业生在与用人单位进行约定时要注意,约定的内容是否合法,约定的条件是否合理,约定的条款毕业生本人能否承受。例如,关于违约问题,有的用人单位为了惩罚违约的毕业生,约定的违约金数额过高,使学生难以承受。毕业生与用人单位约定的条款,必须有毕业生和用人单位的签字。否则,当发生争议时,由于没有双方的签字,约定条款的效力难以认定。

【案例阅读】

依据就业协议承担违约责任

2014年4月,一家通信公司与某高校应届毕业生向丽签订了就业协议,协议约定:向丽毕业后,公司与向丽建立劳动关系,并为向丽办理在京户口,同时约定向丽的服务期限为五年,如果向丽未按照约定期限履行,应当向公司支付违约金人民币3万元。2014年7月,向丽毕业,经过岗前培训,成为公司项目部的一名工作人员,公司按照约定,为向丽办理了进京户口。劳动关系顺利履行至2015年2月,公司要求与向丽签订正式劳动合同,向丽没有签订。2015年2月28日,已经成为公司项目经理的向丽向公司递交了书面辞职报告。公司同意向丽辞职,但要求向丽按照约定支付违约金3万元。向丽向公司交纳了26 000元违约金,口头同意剩余违约金从离职工资中扣除。公司扣除向丽2月份的工资,为向丽办理了全部离职手续。

2015年4月27日,向丽向北京市某劳动争议仲裁委员会申请劳动争议仲裁,认为其未与单位签订劳动合同,单位收取违约金没有依据,故要求单位返还违约金并支付拖欠的2月份的工资及拖欠工资25%的经济补偿金。

本案经北京市某劳动争议仲裁委员会审理,2015年6月,劳动争议仲裁委员会做出裁定,认为公司要求向丽支付3万元违约金作为提前解除劳动关系违约金,向丽没有提出异议,并已经实际履行了26 000元,这种做法是向丽接受公司对其提出的辞职条件,并无不当。但是,公司直接扣除向丽工资4 000元作为违约金,因没有证据证明经其本人同意,应认定为公司是无故拖欠工资的行为,因此公司应当补发工资4 000元并支付拖欠工资25%的经济补偿金1 000元。当事双方均服从裁定未提起诉讼。

本案中涉及的法律问题主要有以下几方面:

1. 就业协议的效力

本案中,争议双方签订了就业协议,没有签订劳动合同。就业协议中的约定就成为履行劳动关系过程中应当履行的条款。双方已经形成了劳动关系,用人单位也按照约定履行了为向丽办理进京户口手续的义务,所以,向丽也应按照协议约定的服务期限、违约责任等履行协议。

2. 事实劳动关系的法律后果

本案中,公司与向丽之间没有签订书面的劳动合同。但是,就业协议中约定向丽的服务期限为五年,可以认为自双方形成事实劳动关系之日起,向丽应为公司服务五年。向丽在工作了8个月后提出解除劳动关系,显然是一种违约行为,应当按照约定承担违约责任。

3. 解除劳动合同违约金的约定及履行

本案中,当事人双方在形成劳动关系前所签订的就业协议中具有违约金的约定,劳动关系形成后,就业协议的约定成为履行劳动关系的约定,公司要求向丽承担违约责任是依据就业协议中违约金的约定。就业协议中违约金的约定没有超过向丽12个月的工资总额,违约金的约定是合法的。

4.4 000元违约金的处理

本案中,公司主张以工资抵消违约金已经向丽口头同意,但对此不能提供证据证明,因此,公司的主张不能成立,不能直接扣向丽的工资作为违约金。但是,向丽认可与公司约定3万元违约金的事实,向丽实际履行的金额只有26 000元。所以,公司仍有要求向丽履行剩余违约金的权力。

目前,因大学毕业生就业协议争议时有发生,一些大学毕业生的就业权益屡受侵犯,大学毕业生要在守法的前提下,学会用法律的武器保护自己,维护自己的合法就业权益,更好地走向职场。

四、就业协议争议的解决办法

就业协议争议的解决办法主要有以下几种:

①毕业生与用人单位协商解决。当违约责任在毕业生一方时,毕业生应积极、诚恳地与用人单位沟通、说明情况,以坦诚、真挚的道歉说服用人单位,以赢得用人单位的理解与谅解,在此基础上,经双方协商达成新的意向。

②学校或当地毕业生就业主管部门与用人单位协调。此法多用于因用人单位原因引起的争执。毕业生势单力薄,处于就业市场弱势地位,同用人单位交涉难度较大。由学校及其上级部门领导和专家出面调解,往往可以取得令人满意的效果。

③对于协商、调解无效的,毕业生可以在法定期限内直接向有管辖权的当地人民法院起诉,由人民法院依法裁决。

五、毕业生违约的表现及处理

(一)毕业生违约的表现

近年来,毕业生在签订就业协议过程中的违约行为越来越多。毕业生应慎重签约、理性签约、诚信签约。

毕业生违约的表现主要有:①省毕业生就业方案下达后,毕业生手里拿着报到证不去单位报到,提出更换就业单位;②同时与多家用人单位签约,从中取舍;③已与用人单位签约,欲毁约与另外用人单位签约;④向用人单位提供不真实材料,严重违反诚信原则等。

(二)毕业生违约的处理

毕业生违约的,应由违约方办理违约手续,并承担违约责任。关于考取国家公务员与签订就业协议,大学生一般签订就业协议在前,考取国家公务员在后,如果签订就业协议时注明"如被录取公务员,则本协议无效",就不属于违约;否则,属于毕业生违约,用人单位可以向毕业生要求赔偿。

办理违约手续时需提交的材料有:①原签约单位同意解除就业协议的书面证明;②国家

公务员录取通知书或相关证明;③本人申请报告,并附上学院意见。

经学校毕业生就业主管部门审核同意后,换发新的就业协议,毕业生再与招录公务员的单位签约。

第四节　劳动合同

一、劳动者的权利和义务

(一)劳动者的主要权利

劳动法是以维护劳动者的合法权益为目的,调整用人单位和劳动者之间、政府与用人单位之间、政府和劳动者之间为实现和保障社会劳动过程而产生的权利义务关系的法律规范的总和。我国《宪法》规定,我国公民有劳动的权利和义务。我国《劳动法》确认劳动者在社会劳动过程中的权利义务关系。我国公民既有劳动的权利,同时又有劳动的义务。公民的劳动权利主要包括以下几个方面。

1. 平等就业的权利

平等就业的权利主要有三层含义:①任何公民都有平等就业的权利和资格,不因民族、种族、性别、年龄、文化、宗教信仰、经济能力而受到限制。②任何人都需要平等地参与竞争职位,不得对任何人予以歧视。③平等不等于同等,平等是对于符合职位条件的人,而不是不论何种条件都同等对待。

2. 选择职业的权利

劳动者选择职业的权利,是指劳动者根据自己意愿选择适合自己的职业。《劳动合同法》明确规定,订立劳动合同,应当遵循合法、公平、平等自愿、协商一致、诚实信用的原则。任何单位和个人都不能强迫劳动者签订违背自己意志的劳动合同。劳动者拥有自由选择职业的权利,有利于劳动者充分发挥个人的特长,促进社会生产力的发展。

3. 取得劳动报酬的权利

我国《宪法》不仅规定公民有劳动的权利,而且给予劳动者的劳动权利得以现实的物质和法律保障。《劳动合同法》第三十条明确规定,用人单位应当按照劳动合同约定和国家规定,向劳动者及时足额支付劳动报酬。用人单位拖欠或者未足额支付劳动报酬的,劳动者可以依法向当地人民法院申请支付令,人民法院应当依法发出支付令。

4. 享有休息休假的权利

我国《宪法》规定,劳动者有休息的权利。国家发展劳动者休息和休养的设施,规定职工的工作时间和休假制度。《劳动合同法》第三十一条规定,用人单位应当严格执行劳动定额标准,不得强迫或者变相强迫劳动者加班。用人单位安排加班的,应当按照国家有关规定向劳动者支付加班费。

5. 获得劳动安全卫生保护的权利

劳动安全卫生保护,是保护劳动者的生命安全和身体健康,是对享受劳动权利的主体切身利益最直接的保护。《劳动合同法》第三十二条规定,劳动者拒绝用人单位管理人员违章指挥、强令冒险作业的,不视为违反劳动合同。劳动者对危害生命安全和身体健康的劳动条件,有权对用人单位提出批评、检举和控告。

6. 接受职业技能培训的权利

职业技能培训是指对准备就业的人员和已经就业的职工,以培养或提高基本职业技能为目的而进行的技术业务知识和实际操作技能教育和训练。

7. 享受社会保险和福利的权利

社会保险是国家和用人单位依照法律规定或合同约定,对具有劳动关系的劳动者在暂时或永久丧失劳动能力及暂时失业时,为保证其基本生活需要,给予物质帮助的一种社会保障制度。

8. 提请劳动争议处理的权利

劳动关系当事人作为劳动关系的主体,各自存在不同的利益,双方不可避免会产生分歧。用人单位与劳动者发生劳动争议,劳动者可以依法申请调解、仲裁,提起诉讼。

(二)劳动者的主要义务

权利和义务是统一的,劳动者在行使法定权利的同时,也应履行法定义务。

1. 诚信义务

在签订劳动合同时,劳动者有义务就其与劳动合同直接相关的基本情况,向用人单位如实说明。

2. 守法义务

《劳动合同法》是规范劳动合同双方当事人行为的法律。劳动者作为劳动合同的一方,应当遵守法律的规定和双方的约定。劳动者有违法或者违约行为的,应当依法承担法律责任。

3. 完成劳动任务的义务

这是劳动关系范围内的法定义务,同时也是强制性义务。劳动者不能完成劳动义务,就意味着劳动者违反劳动合同的约定,用人单位可以解除劳动合同。

4. 劳动者的其他义务

其他义务包括劳动者应提高职业技能、执行劳动安全卫生规程、遵守劳动纪律和职业道德的义务。

二、劳动合同的内容

(一)劳动合同概念和种类

2007 年 6 月 29 日第十届全国人民代表大会常务委员会第二十八次会议通过,2008 年 1 月 1 日起施行的《劳动合同法》明确规定了劳动合同的订立、履行和变更、解除和终止、监督检查、法律责任等。2012 年 12 月 28 日第十一届全国人民代表大会常务委员会第三十次会议通过《关于修改〈中华人民共和国劳动合同法〉的规定》,自 2013 年 7 月 1 日起施行。它是调整劳动合同双方当事人权利和义务关系的基本法律。2008 年 9 月 18 日国务院公布施行的《劳动合同法实施条例》是《劳动合同法》的配套法规。

1. 劳动合同的概念

劳动合同是劳动者和用人单位(企业、事业、机关、团体等)之间关于确立、变更和终止劳动权利和义务关系的协议。

2. 劳动合同的种类

《劳动合同法》规定,劳动合同分为固定期限劳动合同、无固定期限劳动合同和以完成一定工作任务为期限的劳动合同。

①固定期限劳动合同,是指用人单位与劳动者约定合同终止时间的劳动合同。用人单位与劳动者协商一致,可以订立固定期限劳动合同。

②无固定期限劳动合同,是指用人单位与劳动者约定无确定终止时间的劳动合同。用人单位与劳动者协商一致,可以订立无固定期限劳动合同。有下列情形之一,劳动者提出或者同意续订、订立劳动合同的,除劳动者提出订立固定期限劳动合同外,应当订立无固定期限劳动合同:

- 劳动者在该用人单位连续工作满十年的;
- 用人单位初次实行劳动合同制度或者国有企业改制重新订立劳动合同时,劳动者在该用人单位连续工作满十年且距法定退休年龄不足十年的;

●连续订立二次固定期限劳动合同,且劳动者没有本法第三十九条和第四十条第一项、第二项规定的情形,续订劳动合同的。

用人单位自用工之日起满一年不与劳动者订立书面劳动合同的,视为用人单位与劳动者已订立无固定期限劳动合同。

③以完成一定工作任务为期限的劳动合同,是指用人单位与劳动者约定以某项工作的完成为合同期限的劳动合同。用人单位与劳动者协商一致,可以订立以完成一定工作任务为期限的劳动合同。

(二)劳动合同的条款

劳动合同的条款是指劳动者与用人单位双方通过平等协商所确立的双方各自的权利和义务具体内容的条款。劳动合同条款可分为法定必备条款和约定必备条款。

1.法定必备条款

《劳动合同法》第十七条规定,劳动合同应当具备以下条款:用人单位的名称、住所和法定代表人或者主要负责人;劳动者的姓名、住址和居民身份证或者其他有效身份证件号码;劳动合同期限;工作内容和工作地点;工作时间和休息休假;劳动报酬;社会保险;劳动保护、劳动条件和职业危害防护;法律、法规规定应当纳入劳动合同的其他事项。

2.约定必备条款

《劳动合同法》第十七条还规定,劳动合同除必备条款外,用人单位与劳动者可以约定试用期、培训、保守秘密、补充保险和福利待遇等其他事项。

(三)订立劳动合同的原则

1.平等自愿原则

劳动合同双方当事人订立合同的法律地位平等,意思表示真实。不允许采取欺诈、胁迫等手段把自己的意愿强加于对方。

2.协商一致原则

劳动合同双方当事人应进行充分的协商,在双方意思表示一致的基础上签订劳动合同。

3.公平原则

劳动合同内容的确定应当遵循公平原则,合同主体应本着公平原则订立劳动合同,实施民事法律行为,司法机关应根据公平原则处理劳动合同纠纷。

4.诚实信用原则

诚实信用是指双方当事人应诚实,讲信用。要求当事人在订立劳动合同活动中应尊重他人利益,以诚实、善意的态度行使权利和履行义务。

5. 合法原则

订立劳动合同应当遵循合法原则,其基本要求如下:

①目的合法。当事人不得以合法形式掩盖非法目的。

②主体合法。即双方当事人必须具备法律规定的主体资格。

③内容合法。双方当事人在劳动合同中约定的权利、义务应当符合国家法律的规定。

④形式合法。指劳动合同必须以法律、法规规定的形式签订。

⑤程序合法。指劳动合同的订立,必须按照法律、行政法规所规定的步骤和方式进行,一般要经过约定和承诺两个步骤,具体方式是先起草劳动合同书草案,然后由双方当事人平等协商,协商一致后签约。

(四)订立劳动合同的程序

1. 提出签订劳动合同的建议

在签订劳动合同前,劳动者或用人单位提出订立劳动合同的建议,一般由用人单位提出并草拟劳动合同草案,称为要约。接受提议是指另一方接受建议并表示完全同意,称为承诺。

2. 双方协商

双方当事人对已提出的劳动合同建议进行认真磋商,充分讨论。用人单位应向劳动者如实告之本单位的真实情况,以使劳动者能够对用人单位提出的劳动合同草案充分表达自己的意见。

3. 双方签约

双方当事人意思表示一致后,用人单位的法定代表人和劳动者在合同书上签字、盖章,并注明日期。如果用人单位法定代表人不能亲自参加,应以书面形式委托有关人员代理。劳动合同经双方当事人签字、盖章生效,并报送劳动鉴定机关办理鉴定手续。

(五)无效劳动合同

劳动者与用人单位订立违反劳动法律的合同为无效劳动合同。根据《劳动合同法》第二十六条规定,下列劳动合同无效或者部分无效。

● 以欺诈、胁迫的手段或者乘人之危,使对方在违背真实意思的情况下订立或者变更劳动合同。欺诈,指当事人一方故意捏造、歪曲事实,掩盖其非法目的,使另一方当事人误认为是事实而造成人身伤害或财产损失;胁迫,当事人一方迫使对方屈服其压力,作出违反自己真实意思表示而签订合同。

- 用人单位免除自己的法定责任、排除劳动者权利的劳动合同。
- 违反法律、行政法规强制性规定的劳动合同。

对劳动合同的无效或者部分无效有争议的,由劳动争议仲裁机构或者人民法院确认。劳动合同部分无效,不影响其他部分效力的,其他部分仍然有效。劳动合同被确认无效而劳动者已付出劳动的,用人单位应当向劳动者支付劳动报酬。劳动报酬的数额,参照本单位相同或者相近岗位劳动者的劳动报酬确定。

(六)劳动合同的形式

订立书面劳动合同是签订劳动合同的法定形式。

《劳动合同法》第十条规定,建立劳动关系,应当订立书面劳动合同。已建立劳动关系,未同时订立书面劳动合同的,应当自用工之日起一个月内订立书面劳动合同。

《劳动合同法实施条例》规定,自用工之日起一个月内,经用人单位书面通知后,劳动者不与用人单位订立书面劳动合同的,用人单位应当书面通知劳动者终止劳动关系,无须向劳动者支付经济补偿,但是应当依法向劳动者支付其实际工作时间的劳动报酬。用人单位从用工之日起超过一个月不满一年未与劳动者订立书面劳动合同的,应当依照《劳动合同法》规定向劳动者每月支付两倍的工资,并与劳动者补订书面劳动合同;劳动者不与用人单位订立书面劳动合同的,用人单位应当书面通知劳动者终止劳动关系,并依照劳动合同法规定支付经济补偿。

(七)劳动合同变更、解除和终止

劳动合同签订后,用人单位与劳动者应当按照劳动合同的约定,全面履行各自的义务,任何一方不得任意变更、解除或终止劳动合同。

1. 劳动合同的变更

劳动合同依法订立后,即具有法律约束力,双方当事人必须履行合同义务,任何一方当事人不得擅自变更劳动合同的内容。在合同订立后或者履行过程中,由于客观条件的变化,可以变更劳动合同。《劳动合同法》第三十五条规定,用人单位与劳动者协商一致,可以变更劳动合同约定的内容。变更劳动合同,应当采用书面形式。

2. 劳动合同的解除

劳动合同的解除分为法定解除与协议解除、双方解除与单方解除。

《劳动合同法》第三十六条规定,用人单位与劳动者协商一致,可以解除劳动合同。

(1)劳动者解除劳动合同

《劳动合同法》及《劳动合同法实施条例》规定,劳动者解除劳动合同的情形有:①劳动者提前三十日以书面形式通知用人单位,可以解除劳动合同;②劳动者在试用期内提前三日通知用人单位,可以解除劳动合同;③用人单位未按照劳动合同约定提供劳动保护或者劳动条件的;④用人单位未及时足额支付劳动报酬的;⑤用人单位未依法为劳动者缴纳社会保险费的;⑥用人单位的规章制度违反法律、法规的规定,损害劳动者权益的;⑦用人单位以欺诈、胁迫的手段或者乘人之危,使劳动者在违背真实意思的情况下订立或者变更劳动合同的;⑧用人单位在劳动合同中免除自己的法定责任、排除劳动者权利的;⑨用人单位违反法律、行政法规强制性规定的;⑩用人单位以暴力、威胁或者非法限制人身自由的手段强迫劳动者劳动的,或者用人单位违章指挥、强令冒险作业危及劳动者人身安全的,劳动者可以立即解除劳动合同,不需事先告知用人单位。

（2）用人单位解除劳动合同

《劳动合同法》及《劳动合同法实施条例》规定,用人单位可以解除劳动合同的情形有:①劳动者在试用期间被证明不符合录用条件的;②劳动者严重违反用人单位的规章制度的;③劳动者严重失职,营私舞弊,给用人单位造成重大损害的;④劳动者同时与其他用人单位建立劳动关系,对完成本单位的工作任务造成严重影响,或者经用人单位提出,拒不改正的;⑤劳动者以欺诈、胁迫的手段或者乘人之危,使用人单位在违背真实意思的情况下订立或者变更劳动合同的;⑥劳动者被依法追究刑事责任的;⑦劳动者患病或者非因工负伤,在规定的医疗期满后不能从事原工作,也不能从事由用人单位另行安排的工作的;⑧劳动者不能胜任工作,经过培训或者调整工作岗位,仍不能胜任工作的;⑨劳动合同订立时所依据的客观情况发生重大变化,致使劳动合同无法履行,经用人单位与劳动者协商,未能就变更劳动合同内容达成协议的;⑩用人单位依照企业破产法规定进行重整的;⑪用人单位生产经营发生严重困难的;⑫企业转产、重大技术革新或者经营方式调整,经变更劳动合同后,仍需裁减人员的。用人单位单方解除劳动合同,应当事先将理由通知工会。用人单位违反法律、行政法规规定或者劳动合同约定的,工会有权要求用人单位纠正。用人单位应当研究工会的意见,并将处理结果书面通知工会。

（3）用人单位应提前通知劳动者解除劳动合同的情况

《劳动合同法》第四十条规定,有下列情形之一的,用人单位提前三十日以书面形式通知劳动者本人或者额外支付劳动者一个月工资后,可以解除劳动合同:①劳动者患病或者非因工负伤,在规定的医疗期满后不能从事原工作,也不能从事由用人单位另行安排的工作的;②劳动者不能胜任工作,经过培训或者调整工作岗位,仍不能胜任工作的;③劳动合同订立时所依据的客观情况发生重大变化,致使劳动合同无法履行,经用人单位与劳动者协商,未能就变更劳动合同内容达成协议的;④由于经济性裁减人员,用人单位按照法定程序与被裁减人员解除劳动合同。

（4）用人单位不得解除劳动合同的情形

《劳动合同法》第四十二条规定,劳动者有下列情形之一的,用人单位不得解除劳动合同:①从事接触职业病危害作业的劳动者未进行离岗前职业健康检查,或者疑似职业病病人在诊断或者医学观察期间的;②在本单位患职业病或者因工负伤并被确认丧失或者部分丧失劳动能力的;③患病或者非因工负伤,在规定的医疗期内的;④女职工在孕期、产期、哺乳期的;⑤在本单位连续工作满十五年,且距法定退休年龄不足五年的;⑥法律、行政法规规定的其他情形。

3.劳动合同的终止

劳动合同期满或者当事人约定的劳动合同终止条件出现,劳动合同即行终止。依据《劳动合同法》第四十四条规定,劳动合同终止的情形有:①劳动合同期满的;②劳动者开始依法享受基本养老保险待遇的;③劳动者死亡,或者被人民法院宣告死亡或者宣告失踪的;④用人单位被依法宣告破产的;⑤用人单位被吊销营业执照、责令关闭、撤销或者用人单位决定提前解散的;⑥法律、行政法规规定的其他情形。

【案例阅读】

案例1 符合法律规定的服务期限应依法保护

2004年9月,小王毕业后与一家外资公司签订了为期3年的劳动合同。为了提高小王的工作技能,2005年9月,该公司把小王送到日本进行了3个月的专门培训,并与小王签订了培训协议。协议约定,在接受培训后,小王必须再为公司工作4年,在这4年里小王如果要离开该公司,必须赔偿该公司培训费用4万元。但是,公司与小王并没有重新修改劳动合同的期限。2007年9月,小王与该公司签订的劳动合同到期,小王提出双方终止劳动合同,而该公司却认为双方签订了培训协议,小王的服务期还未满,小王应继续在该公司工作。如果小王一定要离开该公司,就应该按照培训协议的约定赔偿该公司培训费用4万元。小王认为自己与公司的劳动合同期限已届满,合同当然应该自然终止,不知道自己是否要依据培训协议承担赔偿责任,若要承担,应承担多大的赔偿责任?

本案涉及区分劳动合同期限与服务期限的问题。劳动合同期限是指劳动合同效力所及的时间长度,即劳动合同的有效期限。对劳动者而言,就是其为单位工作的期限;对单位而言,就是其提供劳动岗位和报酬的期限。服务期限是劳动者与用人单位约定在用人单位专门出资,为劳动者提供专项培训费用,对其进行专业技术培训的情况下,劳动者必须为用人单位提供服务的期限。服务期可以长于劳动合同期限,只要是双方的真实意思表示并通过协议固定下来,则对双方具有约束力。作为用人单位提供专项培训费用对劳动者进行专业技术培训的协议,服务期是劳动者应履行的一项义务。因此,如果用人单位要求劳动者继续履行服务期的,劳动者应当履行,否则即为违约。当然,法律也赋予了劳动者享有辞职的权利,因此,即使在劳动合同到期、服务期未满,用人单位要求继续履行劳动合同,劳动者也可以辞职,但是辞职的劳动者应按服务期协议的规定给予用人单位赔偿。

《劳动合同法》第二十二条规定,用人单位为劳动者提供专项培训费用,对其进行专业技术培训的,可以与该劳动者订立协议,约定服务期。劳动者违反服务期约定的,应当按照约定向用人单位支付违约金。违约金的数额不得超过用人单位提供的培训费用。用人单位要求劳动者支付的违约金不得超过服务期尚未履行部分所应分摊的培训费用。据此,本案中的小王与该外资公司签订的培训协议是合法有效的,小王在劳动合同期而服务期未满时要求终止劳动合同,是违反培训协议的,应按约定承担违约责任。如果单位给小王出资的培训费是4万元,因为小王接受培训后已为该外资公司服务两年,尚未提供服务的期限还有两年,那么,小王应支付服务期尚未履行部分所应分摊的培训费用,即支付的违约金不得超过2万元。

案例2　用人单位不得收取押金变相兑扣工资

2012年10月,张某等人被某股份有限公司聘为保安,负责公司的安全保卫工作。当事人双方口头约定,张某等人的月工资为1 200~1 500元。自用工以来,当事人双方并没有签订书面劳动合同,而且用工单位在用工期间,以保安服装担保金为名,从张某等人的工资中每人扣除500元押金。2014年4月,双方解除劳动关系后,某股份有限公司一直未将保安服装押金退还张某等人,为此,当事人之间就有关工资支付和保安服装押金问题产生了争议。2014年4月1日,张某等人向当地劳动争议仲裁机构申请劳动争议仲裁,要求用人单位依法支付其2014年2月1日至2014年3月31日两个月的两倍工资,并返还服装押金。

本案中用人单位下列行为违法:

● 在用工期间,以保安服装担保金为名,从张某等人的工资中每人扣除500元押金的行为不合法,根据《劳动合同法》第九条的规定,用人单位招用劳动者,不得扣押劳动者的居民身份证和其他证件,不得要求劳动者提供担保或者以其他名义向劳动者收取财物。

● 自用工以来,当事人双方没有签订书面劳动合同是不合法的,根据《劳动合同法》第七条的规定,用人单位自用工之日起即与劳动者建立劳动关系。第十条规定,建立劳动关系,应当订立书面劳动合同。已建立劳动关系,未同时订立书面劳动合同的,应当自用工之日起一个月内订立书面劳动合同。

● 关于张某等人要求某股份有限公司依法支付其2014年2月1日至2014年3月31日两个月的两倍工资,并返还押金是否合法的问题。如果张某等人在2014年2月1日至2014年3月31日工作而单位又没有支付工资的话,属于克扣工资行为,依据《劳动合同法》第八十五条的规定,由劳动行政部门责令限期支付劳动报酬;逾期不支付的,责令用人单位按应付金额百分之五十以上百分之一百以下的标准向劳动者加付赔偿金。如果劳动行政部门责令限期支付,而单位按照劳动行政部门责令的限期支付而没有逾期,则不用加付赔偿金。

第五节 劳动合同与就业协议的异同

毕业生在择业的过程中和就业后,先后与用人单位签订就业协议和劳动合同,两者既有联系,又有区别。

一、两者的相同之处

毕业生与用人单位签订的就业协议与劳动合同都具有法律效力,受我国有关法律的保护,任何一方违约,都要承担违约责任。

二、两者的不同之处

(一)主体范围不同

就业协议是专指高校毕业生与用人单位签订的工作协议;劳动合同则无此限制,既可以是高校毕业生,也可以是其他劳动者同用人单位签订的合同。

(二)内容不同

就业协议是确定用人单位录用毕业生的书面协议,体现了双向选择的结果;劳动合同是明确劳动者与用人单位之间具体权利和义务的书面协议,一些具体条款应当体现在合同里。

(三)签订时间不同

大学生在毕业之前到用人单位报到,因还不是法律意义上的劳动者,只能同用人单位签订就业协议;大学毕业生毕业后,应该以一名劳动者的身份,同用人单位签订劳动合同。如果已经签订就业协议的,可以将就业协议转换成劳动合同,劳动合同生效之时,就业协议终止。因此,签订就业协议在前,签订劳动合同在后。

依据《劳动法》的规定,大学毕业生到用人单位报到后,应及时同用人单位签订劳动合同。有些用人单位在毕业生报到后,以已经签订就业协议为由,拒绝与毕业生签订劳动合同;也有个别用人单位在辞退毕业生时,以没有签订劳动合同,不存在劳动关系为由,逃避应承担的责任。大学毕业生应明确:只要签订了就业协议,毕业生与用人单位的事实劳动关系已经确立,毕业生可以据此维护自己的权利。

三、违反劳动合同的法律责任

（一）用人单位的法律责任

依照《劳动合同法》及《劳动合同法实施条例》的规定，用人单位的法律责任主要有以下几个方面：

● 用人单位的规章制度违反法律、法规规定的；提供的劳动合同文本未载明《劳动合同法》规定的劳动合同必备条款或者用人单位未将劳动合同文本交付劳动者的，由劳动行政部门责令改正；给劳动者造成损害的，应当承担赔偿责任。

● 用人单位自用工之日起超过一个月不满一年未与劳动者订立书面劳动合同的，违反《劳动合同法》规定不与劳动者订立无固定期限劳动合同的，应当向劳动者每月支付两倍的工资。

● 用人单位违反《劳动合同法》规定与劳动者约定试用期的，由劳动行政部门责令改正；违法约定的试用期已经履行的，由用人单位按已经履行的超过法定试用期的期间向劳动者支付赔偿金。

● 用人单位扣押劳动者居民身份证等证件的，由劳动行政部门责令限期退还劳动者本人，并依照有关法律规定给予处罚。以担保或者其他名义向劳动者收取财物的；劳动者依法解除或者终止劳动合同，用人单位扣押劳动者档案或者其他物品的，由劳动行政部门责令限期退还劳动者本人，并以每人五百元以上两千元以下的标准处以罚款；给劳动者造成损害的，应当承担赔偿责任。

● 用人单位有下列情形之一的，由劳动行政部门责令限期支付劳动报酬、加班费或者经济补偿；劳动报酬低于当地最低工资标准的，应当支付其差额部分；逾期不支付的，责令用人单位按应付金额百分之五十以上百分之一百以下的标准向劳动者加付赔偿金：

①未按照劳动合同的约定或者国家规定及时足额支付劳动者劳动报酬的；

②低于当地最低工资标准支付劳动者工资的；

③安排加班不支付加班费的；

④解除或者终止劳动合同，未依照《劳动合同法》规定向劳动者支付经济补偿的。用人单位违反《劳动合同法》规定解除或者终止劳动合同的，应当依照经济补偿标准的两倍向劳动者支付赔偿金。

● 用人单位有下列情形之一的，依法给予行政处罚；构成犯罪的，依法追究刑事责任；给劳动者造成损害的，应当承担赔偿责任：

①以暴力、威胁或者非法限制人身自由的手段强迫劳动的；

②违章指挥或者强令冒险作业危及劳动者人身安全的；

③侮辱、体罚、殴打、非法搜查或者拘禁劳动者的；

④劳动条件恶劣、环境污染严重，给劳动者身心健康造成严重损害的。

● 用人单位违反《劳动合同法》有关建立职工名册规定的，由劳动行政部门责令限期改正;逾期不改正的,由劳动行政部门处两千元以上两万元以下的罚款。

• 用人单位招用与其他用人单位尚未解除或者终止劳动合同的劳动者,给其他用人单位造成损失的,应当承担连带赔偿责任。

（二）劳动者的法律责任

依照《劳动合同法》的规定,劳动者的法律责任主要有以下几个方面:

劳动者违反与用人单位约定的服务期和竞业限制协议的,应按约定向用人单位支付违约金。

劳动者违反《劳动合同法》的规定解除劳动合同,或者劳动合同中约定的保密义务或者竞业限制,给用人单位造成损失的,应当承担赔偿责任。

劳动者与原用人单位尚未解除或者终止劳动合同,又与其他用人单位建立劳动关系,给原用人单位造成损失的,由劳动者与其他用人单位承担连带赔偿责任。

（三）劳务派遣单位的法律责任

依照《劳动合同法》和《劳动合同法实施条例》的规定,劳务派遣单位违反相关规定的,由劳动行政部门和其他有关主管部门责令改正;情节严重的,以每人一千元以上五千元以下的标准处以罚款,并由工商行政管理部门吊销营业执照;给被派遣劳动者造成损害的,劳务派遣单位与用工单位承担连带赔偿责任。

（四）劳动行政部门和其他有关主管部门的法律责任

《劳动合同法》规定,劳动行政部门和其他有关主管部门及其工作人员玩忽职守、不履行法定职责,或者违法行使职权,给劳动者或者用人单位造成损害的,应当承担赔偿责任;对直接负责的主管人员和其他直接责任人员,依法给予行政处分;构成犯罪的,依法追究刑事责任。

【案例阅读】

三方协议≠劳动合同

小李系某高校2015年应届毕业生,2015年2月,小李通过校园招聘被一家企业录用,3月5日,小李与学校及该企业签订《全国普通高等学校毕业生就业协议书》,协议中约定小李若毕业后不到该企业工作,则需支付违约金5000元。2015年4月20日,小李通过了一家银行的面试,经再三权衡,小李决定毕业后到银行工作,于是告知之前的企业,要与其终止三方协议,之前的企业要求小李按照三方协议缴纳5000元违约金,小李不同意,随即到劳动仲裁部门咨询。劳动仲裁告知小李,该争议不属于劳动争议,建议其就该问题与学校及用人单位进行协商,若产生争议,应当到法院处理。

【分析】《全国普通高等学校毕业生就业协议书》是应届毕业生第一次就业时签售的协

议,由学生本人、学校及用人单位三方签订,简称三方协议。三方协议用以明确应届毕业生就业过程中的权利义务,该协议在毕业生到单位报到、用人单位正式接收毕业生后自行终止。然后,用人单位应当与毕业生平等协商,签订正式的劳动合同,依据《劳动合同法》的规定,劳动合同中应当包含劳动合同期限、工作内容、工作地点、工作时间、休息休假、劳动报酬、社会保险、劳动保护、劳动条件和职业危害防护等必要条款。本案中,小李系因毕业前履行三方协议与单位发生争议,因三方协议并不属于劳动法、劳动合同法调整,小李也尚不具备劳动者主体资格,因此,该争议并不属于劳动争议。实践中,毕业生在签订三方协议时一定要慎重,一旦违约,可能会遭受经济损失,或者给毕业派遣造成不必要的麻烦。

大学生即将走上工作岗位,应该对就业协议和劳动合同等有充分的认识和理解,认清就业协议和劳动合同等法律文本的异同,保护自己的权益不受侵害。

第六节　社会保险制度

一、社会保险的概念及功能

社会保险是国家通过立法强制征集专门资金,用于为保障劳动者在丧失劳动能力或丧失劳动机会时提供基本生活需求的一种物质帮助制度。它既是保证劳动力再生产的必要条件,也是提高劳动生产率、均衡企业负担的有利因素。同时,它也为企业改善经营管理和搞好劳动保护工作提出了统一的规范,为解决一系列社会问题创造了条件。

二、社会保险的种类及内容

根据我国《宪法》和《劳动法》及有关社会保障法规的规定,我国当前实施的社会保险制度主要包括五种社会保险和住房公积金,简称"五险一金"制度。

(一)养老保险制度

我国目前实行退休制度。所谓退休是指劳动者因为年老或者因工因病完全丧失劳动能力,依法退出工作岗位休养的制度。养老保险是通过在劳动者工作期间,由劳动者和用人单位缴纳一定的社会保险费用,在劳动者退休以后,由社会保险机构定期支付养老金以保障劳动者的基本生活。我国对养老保险制度的规定及相关改革内容主要有《国务院关于企业职工养老保险制度改革的决定》《国务院关于完善企业职工基本养老保险制度的决定》等。

（二）医疗保险制度

医疗保险是劳动者在患病时依法得到物质帮助的社会保险制度。通过在劳动者工作期间，由劳动者和用人单位缴纳一定的社会保险费用，在劳动者患病时，由社会保险机构承担一定的费用，以免影响劳动者的正常生活。目前我国对医疗保险制度的规定及相关改革内容可参见《关于建立城镇职工基本医疗保险制度的决定》。

（三）失业保险制度

劳动者可能因各种原因暂时失去工作岗位，丧失收入来源。失业保险制度通过由劳动者和用人单位缴纳一定的社会保险费用，保证劳动者失业后仍然可以从社会保险机构获得一定的收入以维持基本生活。我国相关的规定有《失业保险条例》《关于事业单位参加失业保险有关问题的通知》。

（四）工伤保险制度

工伤保险是向法定范围的劳动者补偿其因职业伤病而导致的全部经济损失，包括预防、治疗、护理、康复和疗养的费用，以及在收入方面保证其生活水平不至于因职业伤病下降的社会保险项目。目前我国关于工伤保险的规定有《工伤保险条例》《关于实施〈工伤保险条例〉若干问题的意见》《关于农民工参加工伤保险有关问题的通知》。

（五）生育保险制度

生育保险是向法定范围内的劳动者，尤其是妇女部分或全部提供怀孕、生产、哺育期间的医护费用，保证产假和哺育假期间的经济来源，使其不至于因生育而导致基本生活需求没有保障的社会保险项目。我国的相关规定有《关于发布〈企业职工生育保险试行办法〉的通知》。

（六）住房公积金制度

用人单位应根据国家《住房公积金管理条例》为职工办理住房公积金。住房公积金用于职工购买、建造、翻建、大修自住住房使用。单位录用职工的，应当自录用之日起 30 日内到住房公积金管理中心办理缴存登记。新参加工作的职工从参加工作的第二个月开始缴存住房公积金，月缴存额为职工本人当月工资乘以职工住房公积金缴存比例。住房公积金由单位和职工共同缴纳，职工个人缴存的住房公积金，由所在单位每月从其工资中代扣代缴。

第七节 大学生就业权益保护

一、劳动法及劳动合同法的权益保护

《劳动法》和《劳动合同法》是大学生就业过程中的重要法律,大学生应善于运用劳动法律赋予劳动者的各项权利,保护自身权益。

(一)平等就业权利的保护

《劳动法》第十二条规定,劳动者就业不因民族、种族、性别、宗教信仰不同而受歧视。第十三条规定,妇女享有与男子平等的就业权利。在录用职工时,除国家规定的不适合妇女的工种或者岗位外,不得以性别为由拒绝录用妇女或者提高对妇女的录用标准。

(二)订立劳动合同的相关内容

《劳动合同法》第十条规定,建立劳动关系,应当订立书面劳动合同。已建立劳动关系,未同时订立书面劳动合同的,应当自用工之日起一个月内订立书面劳动合同。用人单位与劳动者在用工前订立劳动合同的,劳动关系自用工之日起建立。第三条规定,订立劳动合同,应当遵循合法、公平、平等自愿、协商一致、诚实信用的原则。

第二十六条规定,以下劳动合同无效或者部分无效:以欺诈、胁迫的手段或者乘人之危,使对方在违背真实意思的情况下订立或者变更劳动合同的;用人单位免除自己的法定责任、排除劳动者权利的;违反法律、行政法规强制性规定的。

(三)关于工作时间和休息休假

《劳动法》第三十六条规定,国家实行劳动者每日工作时间不超过 8 小时、平均每周工作时间不超过 44 小时的工时制度。第三十八条规定,用人单位应当保证劳动者每周至少休息1 日。对于延长工作时间的,《劳动法》第四十一条规定,一般每日不得超过 1 小时;因特殊原因需要延长工作时间的,在保障劳动者身体健康的条件下延长工作时间每日不得超过 3 小时,但是每月不得超过 36 小时。

(四)关于法定假日

《劳动法》第四十条对法定假日作了规定。同时,《国务院关于修改〈全国年节及纪念日放假办法〉的决定》规定,自 2008 年 1 月 1 日起施行新的放假制度:元旦放假 3 天;春节放假7 天;清明节放假 3 天;五一国际劳动节放假 3 天;端午节放假 3 天;中秋节放假 3 天;国庆节放假 7 天。

（五）关于延长工时的报酬支付问题

劳动者可以要求用人单位必须按下列标准支付高于劳动者正常工作时间工资的工资报酬：安排劳动者延长工作时间的，支付不低于工资的 150% 的工资报酬；休息日安排劳动者工作又不能安排补休的，支付不低于工资的 200% 的工资报酬；法定休假日安排劳动者工作的，支付不低于工资的 300% 的工资报酬。《劳动合同法》第三十条关于劳动报酬方面也规定，用人单位应当按照劳动合同约定和国家规定，向劳动者及时足额支付劳动报酬。

（六）关于工资、劳动安全卫生、女职工特殊保护、社会保险和福利

《劳动法》规定，用人单位必须以货币形式按月支付劳动者工资，不得克扣或无故拖欠；劳动者在休息日和法定休假日及婚丧假期间，用人单位应当依法支付工资。

用人单位必须依法保护劳动者的安全和健康。《劳动法》第五十二条规定，用人单位必须建立、健全劳动卫生制度，严格执行国家劳动安全卫生规程和标准，对劳动者进行劳动安全卫生教育，防止劳动过程中的事故，减少职业危害。

女职工的特殊保护。《劳动法》和《女职工禁忌劳动范围的规定》明确了女职工禁忌从事以下劳动：矿山井下作业；森林业伐木、归楞及流放作业；《体力劳动强度分级》标准中第四级体力劳动强度的作业；建筑业脚手架的组装及拆除作业及电力电信业的高处架线作业；连续负重每次超过 20 千克，间断负重每次超过 25 千克的作业。同时，任何单位不得以结婚、怀孕、产假、哺乳等为由辞退女职工或者单方面解除劳动合同。《劳动法》还对女职工的经期、孕期、产期、哺乳期等作了各项保护规定。

依据我国法律的规定，用人单位和劳动者必须参加社会保险，即参加养老保险、医疗保险、失业保险、工伤保险、生育保险。用人单位无故不缴纳社会保险费的，由劳动行政部门责令其限期缴纳；逾期不缴纳的，可以加收滞纳金。

二、就业促进法对毕业生就业权益的保护

2008 年 1 月 1 日起施行的《中华人民共和国就业促进法》（以下简称《就业促进法》）对于促进包括大学毕业生在内的劳动者就业，实施积极的就业政策提供了法律保障。该法规定了有利于促进就业的产业政策、财政政策、税收政策、金融政策，实行城乡统筹的就业政策、区域统筹的就业政策、群体统筹的就业政策，有利于灵活就业的劳动和社会保险政策，就业援助制度，失业保险促进就业政策等十个方面政策支持的法律内容。

（一）明确规定了维护公平就业

《就业促进法》对公平就业作了以下七个方面的规定：

• 明确政府维护公平就业的责任。各级人民政府应当创造公平就业的环境，消除就业歧视，并制定政策和采取措施对就业困难人员给予扶持和援助。

- 规定用人单位招用人员、职业中介机构从事职业中介活动,应当向劳动者提供平等的就业机会和公平的就业条件,不得实施就业歧视。
- 保障妇女享有与男子平等的劳动权利。用人单位招用人员,除国家规定的不适合妇女的工种或者岗位外,不得以性别为由拒绝录用妇女或者提高对妇女的录用标准。
- 保障各民族劳动者享有平等的劳动权利。用人单位招用人员,应当依法对少数民族劳动者给予适当照顾。
- 保障残疾人的劳动权利。各级人民政府应当为残疾人创造就业条件。用人单位招用人员,不得歧视残疾人。
- 保障传染病病原携带者的平等就业权。规定用人单位招用人员,不得以是传染病病原携带者为由拒绝录用。
- 规定了劳动者受到就业歧视时的法律救济途径。《就业促进法》规定,实施就业歧视的,劳动者可以向人民法院提起诉讼。

(二)政府积极实施就业援助

《就业促进法》明确规定各级人民政府建立、健全就业援助制度,特别规定了对城市零就业家庭的就业援助。县级以上地方人民政府采取多种就业形式,拓宽公益性岗位范围,开发就业岗位,确保城市有就业需求的家庭至少有一人实现就业。规定了对就业压力大的特定地区的扶持。国家鼓励资源开采型城市和独立工矿区发展与市场需求相适应的产业,引导劳动者转移就业。对因资源枯竭或者经济结构调整等原因造成就业困难人员集中的地区,上级人民政府应当给予必要的扶持和帮助。

三、劳动争议处理办法

(一)劳动争议的概念

劳动争议是指劳动关系双方当事人因劳动权利与义务引起的纠纷。2008 年 5 月 1 日施行的《中华人民共和国劳动争议调解仲裁法》(以下简称《劳动争议调解仲裁法》)是处理劳动争议的基本法律制度。

(二)劳动争议的处理范围

劳动争议处理的范围包括:因确认劳动关系发生的争议;因订立、履行、变更、解除和终止劳动合同发生的争议;因除名、辞退和辞职、离职发生的争议;因工作时间、休息休假、社会保险、福利、培训及劳动保护发生的争议;因劳动报酬、工伤医疗费、经济补偿或者赔偿金等发生的争议;法律、法规规定的其他劳动争议。

(三)我国劳动争议的处理机构

《劳动争议调解仲裁法》规定,我国目前处理劳动争议的机构为企业劳动争议调解委员会,依法设立的基层人民调解组织,在乡镇、街道设立的具有劳动争议调解职能的组织,地方劳动争议仲裁委员会和地方人民法院。

（四）劳动争议的处理程序

发生劳动争议,劳动者可以与用人单位协商,也可以请工会或者第三方共同与用人单位协商,达成和解协议。如果当事人不愿协商、协商不成或者达成和解协议后不履行的,可以向调解组织申请调解;不愿调解、调解不成或者达成调解协议后不履行的,可以向劳动争议仲裁委员会申请仲裁;对仲裁裁决不服的,除追索劳动报酬、工伤医疗费、经济补偿或者赔偿金,不超过当地月最低工资标准十二个月金额的争议,以及因执行国家的劳动标准在工作时间、休息休假、社会保险等方面发生的争议外,其他争议可以向人民法院提起诉讼。

四、毕业生就业过程中权益保护的途径

（一）各级政府毕业生就业主管部门的保护

毕业生就业主管部门通过制订有关规则来保护毕业生的权益,并依据国家的政策、法律、法规对侵犯毕业生合法权益的行为予以处理。如对签订侵害毕业生权益的就业协议,省毕业生就业主管部门不予签订、不予审批就业方案和核发就业报到证;对就业双方存在的劳动争议和违约等问题,进行协调处理。必要时还可通过新闻媒体的舆论监督作用揭露某些用人单位在招聘和试用毕业生过程中的不公平、不公正行为,以引起社会重视,使一些本来并不复杂、完全应该有公正结果,却迟迟得不到解决的问题得以解决,这在一定程度上可遏制毕业生就业过程中不公正现象的滋生和蔓延。

（二）高等院校的保护

学校可以通过各种途径向毕业生提供真实可靠的用工信息;对毕业生进行有效的全程就业指导,要提醒毕业生在就业中存在若干不公平、不公正行为,甚至存在求职陷阱;在毕业生签订就业协议过程中,要予以监督和指导,对用人单位与毕业生签订的不合法的就业协议,学校有权拒签。

（三）毕业生的自我保护

加强学习,树立维权意识、法纪意识、诚信意识。大学毕业生在就业中的权利是法律赋予的。要掌握《民法》《劳动法》《劳动合同法》等相关法律及政策,做到知法、学法、懂法,维护自身的合法权益。

遵循市场规则,预防侵害自身权益行为的发生。毕业生求职过程中,要有风险意识,对于有些用人单位夸大优厚条件,以欺骗手段吸引人才的做法要有提防戒备心理,预防自身合法权益受到侵害。

用法律手段维护自身合法权益。由于毕业生就业市场发育不够成熟,有关法律、法规和规章尚不健全,毕业生在就业过程中的一些合法权益有时会受到侵害。此时,毕业生有权向

用人单位的上级主管部门、向高校、向劳动行政部门申诉并听取它们的处理意见；也有权要求劳动争议仲裁和向法院起诉；还可以借助新闻媒体进行救济，通过各种合法途径维护毕业生在就业中的合法权益。

【案例阅读】

企业能如此终止合同吗？

　　王晓娜大学毕业后到某独资公司工作已经 8 个月了，与她同时进公司的其他员工，在工作上都早已能独当一面了，唯独她还不能胜任本职工作。她十分着急，经常利用业余时间补习业务知识，可收效甚微。公司认为，王晓娜虽然能力较差，但工作态度还是认真的，于是决定给她一次提高技术水平的机会，让她参加脱产 3 个月的技术培训。遗憾的是，王晓娜参加培训后，仍然不能胜任本职工作，公司作出了 30 日后与她终止劳动合同的决定。王晓娜认为公司跟其签订的劳动合同是无固定期限的，不能随意终止。但公司认为无固定期限劳动合同并不意味着不能终止，因为劳动合同中已经约定了一些终止条件，只要这些终止条件出现，劳动合同就可以终止。另外，王晓娜认为即使公司可以按这条规定与其终止劳动合同，也应该给其一定经济补偿金。公司认为，终止合同和解除合同是不一样的，按国家规定，解除劳动合同时企业应当支付经济补偿金，而终止劳动合同时企业就可以不支付经济补偿金。根据劳动合同中的约定，公司与王晓娜属于终止合同，所以公司不支付经济补偿金。那么，公司可否终止合同，并且不支付补偿金？

　　根据上述案情，公司终止合同必须支付补偿金。《劳动法》第二十三条规定，劳动合同期满或者当事人约定的劳动合同终止条件出现，劳动合同即行终止。《劳动合同法》第四十条规定，劳动者不能胜任工作，经过培训或者调整工作岗位，仍不能胜任工作的，用人单位提前三十日以书面形式通知劳动者本人或者额外支付劳动者一个月工资后，可以解除劳动合同。《劳动合同法》第四十六条规定，用人单位依照本法第四十条规定解除劳动合同的，应当向劳动者支付经济补偿。

　　在本案中，公司与王晓娜约定的终止条件，是《劳动法》第二十六条第二项规定的法定解除条件，并且符合《劳动合同法》的规定，虽然是无固定期限劳动合同，但是只要符合了法律规定的终止条件，公司可以解除劳动合同，但是，公司应向王晓娜支付经济补偿金。

【任务驱动】

　　1.劳动合同有哪些种类？

　　2.签订劳动合同时应注意哪些问题？

　　3.见习期与试用期有什么区别？

　　4.在毕业生与用人单位建立劳动关系的过程中，就业协议与劳动合同各起什么作用？二者有什么不同？

　　5.简述劳动者依法享有的权利和义务，结合所学知识，谈谈劳动者应如何依法维护其权利，履行其义务。

第五章 求职材料的准备

　　求职材料是应聘者的个人广告,内容充实而又富有个性的简历,将会在众多平庸而雷同的简历中脱颖而出,更早地吸引招聘人员的眼球。所以,大学毕业生要重视自己的第一份求职材料,掌握求职材料的制作方法和要点,就能在激烈的竞争中占得先机。

　　求职材料一般包括个人简历、求职信、毕业生推荐表、成绩单(由教务部门出具)、英语等级证书复印件、计算机等级证书复印件、各类获奖证书复印件、各类技能证书(如驾驶证等)复印件、推荐信、公开发表的论文或文章原件及取得的成果等。这些材料非常重要,用人单位主要依据这些材料来确定是否给你面试机会。

【教学目标】

　　1. 掌握求职信的种类和写作方法;

　　2. 掌握个人简历的类型和制作方法,以及制作求职简历的注意事项;

　　3. 了解毕业生推荐表的作用和填写方法;

　　4. 了解网上求职的方法。

【案例导入】

　　在宁波某名牌高校管理学院就读的小李,找工作时遭遇了尴尬:当别人一听说他是名校博士,就表示小地方容不下大菩萨。无奈之下,他只好在简历上写明自己的技术类本科学历和读硕士之前的一段工作经历,对硕士和博士教育略去不提。恰好某企业老总需要一个既懂技术,又有管理经验的帮手,而李晓光的条件非常吻合。老总喜出望外,二话不说就以每月 7 000 元的工资聘用了他。后来,老总得知小李是博士,惊叹他居然如此脚踏实地,没有半点高学历人才的架子,越发器重他了,几年的时间,就提拔到公司的高层。

　　这是提及弱项尽量模糊的技巧,很多公司在筛选简历时,是参照硬件标准来进行的,如专业、学历、工作年限、年龄、户口所在地等。当你不符合要求时,可以省略不写,或者提供模棱两可的信息,使对方吃不准你的实际情况,但同时又被你的其他长项所吸引,从而不会过早淘汰你。小李因为学历或资历过高找不到合适的工作,当他愿意降低期望,隐去后来所受的教育时,反而收到了很好的效果。

【知识引导】

第一节　求职信

求职信是求职者以书信的方式自我举荐、表达求职的愿望、陈述求职的理由、提出求职要求的一种信函。通过它,求职者向用人单位展示自己适合该工作岗位的知识水平、工作能力、人格魅力,从而建立起与用人单位之间的密切联系,为择业的成功打下基础。

一、求职信的作用和种类

(一)求职信的作用

通常,写求职信是为了主动出击,发给那些暂时没有明确招聘计划的单位,主要起一个投石问路的作用。一封好的求职信,能够让用人单位充分地了解你的优点,并且感觉你非常适合某些工作岗位。

(二)求职信的种类

1.有目的地向单位做自我介绍

这种求职信,是求职者针对某个单位需要人的情况下写的,并且了解了单位性质和名称、主要从事的工作、经营项目、人员需求情况、主管姓名、看信人心态等。在求职信中,称呼和内容都要针对特定单位的特定人,主要表述求职者的主观愿望和特长,以求吸引招聘者的注意力,取得面试机会。

这样的求职信具有很强的针对性,写时需花费一定的心思,只有做到有的放矢,命中率才会比较高。

2."广普"适用的求职信

这种求职信不分职业、单位和对象,也没有求职的具体目标。由于这种求职信带有一定的盲目性,所以投中目标的概率相对较小。在毕业生供需见面和人才市场招聘会上,毕业生普遍使用这样一种求职信,这种求职信主要向用人单位介绍自己的概况,让单位了解并对自己感兴趣。

总之,无论是第一种还是第二种求职信,信的主体部分固定不变,只是开头和结尾可以根据不同的单位采用不同的内容和措辞。

二、求职信的写法

作为一种信函,求职信具有一般信件的书写格式。其结构主要由称谓、开头、主体、结尾、致敬语、署名、日期等部分组成。

求职信的内容一般包括在校学习和表现情况、求职动机和意愿、与所求工作相应的才能和资格、自己对所求工作的态度和兴趣等。求职意向要简短清晰,主要表明本人对哪些岗位、行业感兴趣及相关要求。求职信要富有个性、针对性强。求职信的首要目的是吸引对方,引起对方的兴趣,所以应该在一开始就要用一两句富有新意的话去吸引读者。求职信的核心部分应是阐明自己能胜任工作的条件。

(一)求职信的书写格式

1. 称谓

要根据求职信的阅读对象来决定称谓。如果对用人单位的性质及负责人比较清楚,可直接写出负责人的职称、职位,如"尊敬的王经理""尊敬的李部长"等;如果对用人单位的性质及负责人不清楚,可写成"尊敬的领导""尊敬的负责同志"等。对方的头衔和单位名称一定要准确,不能出现错误。称谓之后用冒号,然后另起一行,写上问候语,如"您好"之类的话,紧接着写正文。

2. 开头

求职信是有目的、针对不同用人单位的一种书面自我介绍。求职信的开头应开门见山,直截了当地说明求职的意图,使信的主旨明确、醒目,引起对方注意,如"我是××警官学院即将毕业的学生,想在贵单位谋求一份工作"。开头表达力求简洁,并能吸引对方读下去。切忌空话套话,让对方产生厌恶情绪。

3. 主体

这部分是求职信的重点,书写形式可以多样,但主要内容一般包括个人基本情况、个人所具备的条件,如受过何种奖励、社会实践情况、担任社会职务及参加各种竞赛情况等,这是求职信的关键部分。应突出自己对从事此项工作感兴趣的原因,愿意到该单位工作的愿望,突出自己的重要成绩、特长、优势适合所求职的岗位。

正文部分可写内容比较多,一定要简明扼要,重在突出你最适合这个岗位,写明你对招聘单位的理解程度、你应聘这个岗位和能胜任本岗位的各种能力。

简单来说,正文实际上就是"我有什么+我能做什么/我要做什么",要做到告知情况,突出重点,言简意赅,具有吸引力和新鲜感,语气自然。另外,求职信要有说服力,以证明你有资格胜任该工作,态度要诚恳,用语要得当,并能吸引对方的注意力。

4. 结尾

求职信的结尾主要是进一步强调求职的愿望,希望用人单位能给予考虑,或希望前往面谈,接受单位的进一步考查等。如可以写上"希望得到您的回音为盼""盼复"等。总之,无论怎样表述,都要注意用语恰当、得体、掌握分寸,以免造成不好的印象。

通常在结束语后面还应另起一行,写一些简短的表示敬意、祝愿之类的祝颂语,如"此致""敬礼""祝您身体健康、工作顺利""深表谢意"。

5. 落款

落款包括署名和日期。署名与求职信开头的"称呼"相一致,应写在结尾祝颂语的下一行的右下方,直接署上自己的姓名即可。日期一般应写在署名下方,最好用阿拉伯数字写,并写明年月日。

(二)书写求职信的注意事项

1. 篇幅尽量简短

用人单位收到的求职信会很多。只有篇幅简短、重点突出的求职信才会引起看信人的注意,收到较好的效果。

2. 开头有吸引力

要想办法让看信人有兴趣读下去,因此,要根据所应聘的职位,揣摩招聘者的心理,才能写好开头。

3. 中心部分突出重点

有关能突出自己个性、吸引对方、打动对方的内容要详细地写,而且写出自己的风格。如果你的求职信写得毫无特色,看信人就会只用几秒或十几秒将你的信快速"扫描"一番,然后扔进废纸篓。相反,如果你的信与众不同,开始就引起了看信人的注意,并表述得体,看信人就会有兴趣将信看完。这样,你的名字就有可能列入候选人名册。

例如,有两个人同时给一家单位写自荐信,第一个人只泛泛地介绍自己的学习成绩和经历;而第二个人,无论从学科成绩、具备的能力、社会实践的锻炼、性格特点等,都写明与所求职位有关,让用人单位看后感到与其招聘条件相吻合,结果被用人单位录用了。写这部分时要换位思考,如果自己是负责招聘的人,会对哪些东西感兴趣,招聘不同的职位,关注的重点是不一样的。

4. 要用合适的语言来表达

"言之无文,行而不远。"语言的作用不可轻估。中国语言讲究"微言大义",表现力十分丰富,其细微之处需反复推敲、把握准确。因此,我们必须重视语言的准确性,写完的求职信要多读几遍,最好让其他人帮着看一看,以免因不恰当的语言误事。

5. 内容要系统完整

求职信最好与个人简历、有关证明材料、获奖证书复印件一并寄给用人单位使之形成一份系统、完整的自荐材料,给对方以办事认真、考虑问题周全的印象。证明材料、证书可复印,以便多方使用。信封和信笺纸切忌选用有外单位名称的。

写求职信是为了推销自己,所以在求职信中要强调自己的成就和自己对选择单位的价值。在写求职信时,可以先运用"电梯理论"整理一下思绪:假设你在电梯里遇到某家公司的负责人,你如何利用这个机会向他"推销"自己。

6. 适当迎合对方的优越感

如果要到有名望的公司求职,求职信应表示对该公司"唯才是举""知人善任""人尽其才"的管理作风表示钦佩;而到一个目前经营比较困难的公司求职,应表示对该公司的关切,有一试身手、令其起死回生的决心和方略。

7. 适度"推销",态度上要做到不卑不亢

谦虚是一种美德,但过分的谦虚就是虚伪了;自信也是一种美德,但过分的自信就容易变成傲慢。

8. 语言要简明、连贯、得体

文风要平实、沉稳、严肃,以叙述、说明为主。书写时要注意,不要使用拗口的语句,更不要有病句、错别字。外文要特别注意不要出现拼写和语法错误。招聘人员考查应聘者的外语能力一般就是从一份履历表开始的。

9. 不要空话连篇,也不要过于自负

空话、套话太多,说明不了任何问题,还耽误阅读者的时间;过于自负,往往会给人不踏实的感觉。

10. 语言要有感染力

热忱是会相互感染的,如果你真有热忱,对方也能感觉得到。因为你写求职信的目的是要获得进一步洽谈的机会,所以在向用人单位提要求时,避免使用"面试"这样的字眼。应婉转地要求"见个面谈谈"或"热切期望您的答复"等用语,这样不会太正式,容易使人接受。

11. 要给人规范、整洁的印象

要想用人单位对你有好印象,文字一定要流畅、字迹要整洁、设计要优美,给人一种愉快的感觉。因此,求职信一定要打印,但签名要用手写。信纸、信封应美观、大方。另外,求职

信如果是寄发的,应选择标准的信封、信纸,注意书写的格式,并贴上漂亮的邮票。这样也会引起对方的注意并起到一定的作用。

12.可以用中、英文两种文字写求职信

现在很多用人单位非常重视求职者的英语水平。因此,用中、英文两种文字写求职信,可以使你的英语水平得到展示。如果你求职的单位是中外合资企业或外企,那么中、英文求职信就更有必要了。

13.写求职信的目的是传递信息

大多数情况下,应聘时提供简历就够了。有很多招聘单位对求职信都不感兴趣,这主要是因为大多数求职信都充满了表决心之类的套话,千篇一律,对用人单位来说看这样的信完全是耽误时间。所以,在求职信中一定要传递一些在简历中难以传递的,对用人单位十分重要的信息。如果没有这样的信息,就不用写求职信了,以免弄巧成拙。

第二节　个人简历

一、个人简历的基本内容

对应聘者来说,个人简历是最重要的求职材料。招聘单位的人事部门主要通过个人简历来了解应聘者的情况,决定是否给其面试的机会。

个人简历的主要内容是介绍自己的基本情况,如学习、生活、工作经历、个人成就和特长等。写个人简历的目的是让对方具体地了解你,帮助你获得面谈的机会。

(一)个人简历的类型

常用的简历一般分为以下两类:

1.文字型简历

文字型简历即用文字描述自己的经历,如个人基本情况、做过什么工作、有何成绩、获过什么奖励等。传统的写法是按时间的先后顺序列出自己的学习、工作经历,或者根据需要,有选择地列出自己的某些经历,以充分展示自己的技能和才干。文字型简历的好处是便于详细地、完整地介绍情况,这种简历适合经历比较复杂,有很多方面需要说明的求职者。

2.表格型简历

表格型简历即以表格的形式分栏目介绍个人情况,比较简练,一目了然。特别是经计算

机文字处理后的表格型简历,非常规范、美观。在 Word 中有很多简历模板,基本上可以满足我们的需求。简历的格式不要太花哨,主要是突出个人信息。当然,如果你应聘的是一些设计类的职位,花一些时间做一些个性化的简历,展示自己的设计水平,还是很有必要的。

（二）简历的内容

简历通常包含以下几个方面的内容:

1. 个人信息

如姓名、性别、民族、出生年月、政治面貌、籍贯、学校、系别、专业及获得学位情况。

2. 学历

用人单位主要通过学历情况了解应聘者的智力及专业能力水平,一般应写在前面。习惯上书写学历的顺序是按时间的先后,但实际上用人单位更重视现在的学历,最好从现在开始往回写,写到中学即可。

3. 学习、实习和工作经历

学习情况是必不可少的,要突出那些与应聘职位相关的课程。大学期间的社会实践活动也为很多单位所看重,如果参加过一些实训项目的开发,可以简要叙述自己在其中的角色及成果。

4. 有关自己能力的实证或经历

如在学校、班级所担任的职务,在校期间获得的各种奖励和荣誉,自己的业余爱好、特长及适宜从事的工作。可列出你获得的其他资格证书,如英语四、六级证书,计算机等级证书,汽车驾驶证等。证书最好与应聘的工作直接相关,或者能证明自己的能力。可列出代表自己能力的有关资料,如所出版的书籍、发表的文章、社会实践的论文、实训项目的成果,荣获的各项成果、专利、荣誉证书、资格证书等。可列出在社会实践活动中,你独自创意设计或合作研究的作品,并应有详细的说明。

5. 简述自己的愿望和工作目的

简单叙述期望从事的工作,对未来的一些设想,以及来应聘这一工作的目的等。

6. 特长、兴趣爱好和性格特点

特长是指求职者拥有的技能,特别是指中文写作、外语及计算机能力。兴趣爱好和性格特点能够展示求职者的品德、修养、社交能力及团队精神,与工作性质关系密切,所以用词要贴切。

7. 自己的详细联系方式

详细的联系方式,指电话号码、电子邮件、通信地址等。给出的通信地址最好不要变,特别是联系电话。

毕业生还要准备好其他的辅助性材料,如获奖证书、成果证书、技能考核证书等各种反映自己能力的证明材料的复印件,这些材料是对求职信、个人简历的有益补充。

(三)个人简历的特点与要求

个人简历应符合以下特点和要求:①突出自己的特点、专业特长;②必须简洁有力;③表达力求突出个性、避免平庸;④用词妥当,言语诚恳,自信而不自大,自谦而不自卑;⑤最好控制在一张 A4 纸内,版面清秀,纸张干净,无错别字。

二、个人简历编写的基本原则

简历是求职者获得面试机会的敲门砖,求职者需要通过这张简历让企业 HR 对自己有一个初步的认识并迅速博得其好感,同时更要证明自己是胜任该目标职位的不二人选。因此,制作出一份最具战斗力的个性化简历就显得尤其重要。下面是个人简历编写的基本原则:

(一)真实性原则

简历不可以撒谎,更不可以掺假,但可以进行优化处理。优化不等于掺假,求职者可以选择把强项进行突出,将弱势进行忽略的策略。例如,求职者是一名应届毕业大学生,可以重点突出其在校时的学生会工作和实习、志愿者、支教等工作经历,提炼出自己从中得到了哪些具有价值的经验,而这些收获能让求职者在今后持续发挥效用。如此一来,HR 便不会用"应届毕业生没有工作经验"为由而拒你于千里之外了。

(二)针对性原则

制作简历时可以事先结合职业规划确定出自己的求职目标,做出有针对性的版本,运用专门的语言对不同企业递送简历,这样做往往更容易得到 HR 的认可,而不是看着千篇一律的海投简历感觉索然无味。

(三)价值性原则

把最有价值的内容放在简历中,使用语言讲究平实、客观和精练,太感性的描述不宜出现。通常简历的篇幅为 A4 纸版面 1~2 页,不宜过长,也不宜有半页。出现一页半的情况时,最好压缩为一页。

简历中尽量提供能够证明自己工作业绩的量化数据,如拓展了多少个新的市场客户,年销售业绩达到多少万元,每年发表学术论文多少篇等。最好提供职业含金量的成功经历,如完成了一个很难的项目,拿下了一个很大的客户等。

对于自己独有的经历一定要保留,在著名公司工作、参加著名培训、与著名人物接触等都可以重点突出处理。

（四）条理性原则

将公司可能雇用你的理由用自己过去的经历有条理地表达出来,最重点的内容有个人基本资料、工作经历（职责和业绩）、教育与培训经历;次重要的信息有职业目标（这个一定要标示出来）、核心技能、背景概述、语言与计算机能力及奖励和荣誉信息,其他的信息可不展示,对于自己的闪光点可以点到即止,不要过于详细,留在面试时再展开。

简历需要优化但最重要的还是内涵。是否符合企业"人才"的标准才是应聘成功与否的关键。所以,求职简历一定要按实际情况填写,任何虚假的内容都是不可取的。

切记,在投递简历前一定要有明确的职业方向。

三、个人简历应该注意的问题

（一）个人简历最基本的要求就是真实可信

简历最主要、最基本的要求就是真实。诚实地记录和描述,能够使阅读人首先对求职者产生信任感,而用人单位对求职者最基本的要求就是诚实。

个人简历不能弄虚作假、编造事实、抬高身价。要知道争取面试的机会并非最终目的,最终目的是要获得工作。如果一时造假而被对方识破,既会丢掉工作机会,又会失去人格。

（二）个人简历写作需要精练

招聘人员每天要面对大量的求职履历表,一般在粗略地进行第一次阅读和筛选时,每份履历表所用时间不超过一分钟,如果写得很长,阅读者缺乏耐心,难免漏看部分内容,这对求职者是很不利的。有些人觉得简历越长越好,容易引起注意,其实这恰恰淡化了阅读者对主要内容的印象,适得其反。太长的简历不但让人觉得你在浪费他的时间,还觉得你做事不干练。但是也不要过于简单肤浅,让人感觉你无可取之处。要提炼精华,力求每一句话都说明问题,都有用。

（三）个人简历写作时注意突出重点

重点突出才会给人留下深刻的印象。优势部分是整个简历的点睛之笔,也是最能表现个性的地方。在写这些部分时应当深思熟虑,写法要不落俗套,还应当有理有据,只有这样才能打动负责招聘的人,使你有别于其他人。

（四）自己动手,切勿抄袭,过度包装

自己的情况自己最了解,最好自己动手写简历。切记不要抄袭。写简历不需要妙笔生花,尽量真实地展现自己的情况即可。现在还有不少求职者准备了印制精美的个人简历,从实际效果来看,多数用人单位更看重应聘者的真才实学,对过度包装的简历不会有特别的好感。所以,过度包装的简历既浪费钱,实际效用也不大。要多在简历的内容上花心思。

（五）个人简历要有自己的特色

如何让负责招聘的人注意到你的简历,对你的简历留下深刻印象,并决定给你一个面试的机会? 这就需要我们在简历中突出自己的特色。

"特色"不是写出来的。善于发掘,一定会发现自身的很多优势。要结合应聘单位性质和应聘职位来突出特色,否则会适得其反。平时多了解一些不同行业的信息,看看这些单位更看重员工哪方面的品质。例如,销售人员要有好的口才和亲和力,研发人员需要有广博的知识面和钻研精神,财务人员必须要耐心细致。只有根据不同行业、不同职位来突出自己的优势,才会引起招聘人员的兴趣。

（六）个人简历的最后测试

写完以后,再检查一下你的个人简历是否回答了以下问题:它是否能让用人单位尽快知道你的能力? 是否写清了你的能力? 尽快完善你的个人简历直到最好。

总之,由于每个人生活、经历的不同,个人简历的内容也会有很大的变化,各有取舍,目的就是要更多地表露自己的优势,更大限度地吸引用人单位决策者的注意,获得一份满意的工作。

四、个人简历的制作技巧

简历制作是求职过程中的第一步,也是相当关键的一步。用人单位通过简历上的信息,对应聘者进行初步的资格筛选。求职者最终能否获得面试机会,简历起着至关重要的作用。那么在撰写个人简历时应注意哪些技巧,怎样才能吸引用人单位的眼球,增加面试的机会呢? 广州新东方求职面试专家杨萃先认为,成功的简历应具备以下几点:

（一）个人简历版面必须有条理

简单的版面必须有条理、一目了然。因为 HR 喜欢的简历要结构清晰,一眼就能找到相应的信息在哪里。而在描述个人信息时,必须像议论文一样用数字与事实来说话。尤其是"自我介绍"这个环节,通过实例来说明自己的优点,而不是一味只说"有责任感、组织能力强"这种空泛的表述。

为了吸引人力资源部门的眼球,求职者还必须在简历中"秀"出自己与众不同的亮点,即使它与应聘的职位没有直接联系,但这往往能体现出求职者的"可转移能力"。

（二）个人简历制作必须有针对性

在制作简历时,求职者必须对简历进行"个性化",即简历必须有针对性,针对每一个公司和职位制作不同的简历。在简历中重点列举与所申请公司及职位相关的信息,弱化甚至删除对方可能并不重视的内容。尤其是把符合招聘启事中明确列出的职位具体要求的信息点放在一个黄金位置(一般 A4 纸的上 1/3 处)。在编排信息点时,要进行逻辑分类,从而体现出求职者的逻辑性思维能力。最后,简历的语言表达必须做到简练,一页为好。在完成简历之后,至少找 5 个人让他们圈出不明白的信息和感兴趣的信息,对简历再次润色,逐步完善自己的简历。

(三)不要把个人简历用附件形式发电子邮件

当简历完成后,下一步就是投简历。那么,如何才能把简历顺利提交到人力资源部门呢?写电子邮件简历时,一般建议使用中文,即使很多外企使用英文作为招聘语言,但是阅读求职电子邮件的都是中国人,使用汉语更加方便。如果你申请的是一些相对高级的职位,对方的招聘启事完全是英文的,则尽量使用英文写电子邮件。发送简历时,最好直接将简历粘贴在正文中(粘贴后要重新排版),不要以附件的形式发送(除非公司要求)。

电子邮件中的"subject"千万不能空白,必须写上自己的姓名及应聘职位。同时还要写下有针对性的附言,说明你符合 HR 最基本的几点要求。在结尾时,可以适当写上祝福话语。另外,还要注意的是,招聘启事上通常都要求学历证、学位证、身份证复印件、一寸相片,原则上只需发电子简历和照片即可,并在简历上注明:"为防止您下载过慢,本人将在面试时携带'三证'以供查验,谢谢!"此外,假如求职者对某职位非常感兴趣,可以选择邮寄甚至亲递简历,成功率会更高。因为设计精美的打印简历更容易给 HR 留下好印象,而且减少信件遗失的可能性。

五、个人简历与求职信的区别

求职信和简历是有区别的。它们二者相互独立,不能互相替代,虽紧密联系,但不能混为一谈。

(一)书写格式不同

1.标题不同

求职信属于书信类,其标题用"自荐信""求职信",或干脆省略标题,直接用一般书信形式行文。简历的标题非常单一,直接称作"简历"或"个人简历"。

2.称谓不同

求职信开头要有称谓,如尊敬的领导、某单位的负责人等,给不同的收信人,在称谓上有明确的区分。而简历不必用称谓,在标题下,直截了当地填写个人经历和业绩就可以了。

(二)内容侧重点不同

求职信主要是阐述求职的愿望、求职的理由和求职的条件,力求说明自己的成绩能够胜任某类工作;自己的技术和特长适合这类工作;已取得的成果、奖励证明你有潜力。而简历主要侧重展示自己的资历,是对自荐信提到的求职条件,作更为详尽的描述和佐证。

个人简历可以说是自荐信的附件,是求职信的补充和佐证材料。一份好的简历往往可以起到画龙点睛、锦上添花的作用。

（三）求职信和个人简历是推荐材料中不可缺少的两个不同的重要组成部分

求职信在前,简历附在其后,可以起到立体展示自己的效果。如果只有自荐信而无简历,就会使用人单位产生对你了解不够具体的感觉;如果只有简历而无求职信,就会使用人单位不能明确你在哪方面更适合他们。因此,自荐信和个人简历是相互补充的,是个人求职材料中不可或缺的两个重要的组成部分。

第三节　毕业生就业推荐表

毕业生就业推荐表(以下简称"推荐表")一般由学校毕业生就业指导服务中心统一印制,其栏目有姓名、性别、民族、出生年月、政治面貌、学校名称、专业、学历、培养类别、外语水平、健康状况、学校地址、特长、奖惩情况、在校表现、院系推荐意见、学校毕业生就业指导中心意见等(包括从事的工作范围等)。

一、毕业生就业推荐表的作用

毕业生就业推荐表是学校相关部门审核盖章的正式推荐材料,包含毕业生本人的基本信息,具有一定的权威性。在毕业生求职择业过程中,推荐表是求职资格的证明,一般情况下推荐表只有应届毕业生才能领取,推荐表每人一份,以原件为准,复印无效。

二、毕业生就业推荐表的填写

毕业生推荐表的内容与表格型简历相近,制作推荐材料时,任选一种即可。

一份完整的推荐表应填写好所有栏目,院系在规定栏内盖上鉴定公章,校毕业生就业指导服务中心在学校推荐意见一栏签署"同意推荐"字样并盖上公章。

推荐表具有代表校方向用人单位推荐毕业生的作用,具有唯一的可信性。为避免重复签协议,毕业生只能用推荐表原件和就业协议原件与一个单位签订协议。用人单位也只有用推荐表原件和就业协议原件才能签协议。

三、毕业生就业推荐表填写的注意事项

(一)不能涂改

推荐表具有代表校方的作用,有关部门加盖了公章。因此,填表时一定要细心、认真。特别是成绩单、院系推荐意见等部分,一旦有涂改的痕迹,就可能引起用人单位的误解。因此,发现错误时,应当换一张表,重新填写。

(二)用备注栏来表现自己的突出优势

自己具有的一些突出优势可以在备注栏里表现,如有重要作品发表过,或者有突出的外语能力、突出的工作经历等。

(三)保证推荐表的唯一可信性

推荐表原件不可仿制,更不可谎称遗失而重新补办。这样会影响学校的声誉,从而造成不良影响。毕业生在双向选择时可以使用推荐表的复印件进行"自我推销"。只有与用人单位签订协议时,才向用人单位或人事主管部门交出推荐表的原件。毕业生一定要保管好推荐表。

第四节 求职材料的制作技巧

求职材料是毕业生学习、生活经历的集锦,是毕业生就业的敲门砖。求职材料的制作,不是自荐信、个人简历、毕业生就业推荐表和各类证书的简单装订,而是一份吸引用人单位、展示自我才能的精美手册。同样的内容不同的表现方法,可能导致不同的结局。因此,在制作求职材料的过程中,要掌握一定的技巧。

一、求职材料的封面设计

封面是整个个人求职材料的"脸",封面设计既要美观、有个性,又要突出主要内容,不可过于花哨。成功的设计会给用人单位留下良好的第一印象;若设计不成功,则可能直接影响用人单位对求职者能力的评价。

一份较好的求职材料应包括以下内容:学校名称(可附上学校的标志性图案)、专业名称、"求职材料"字样、个人姓名、联系方式。

为了不显得单调,可以在封面的右下角设计一个简单的图案。但切不可把图案当成封面的主体,否则就会喧宾夺主。如果学校为毕业生统一制作了推荐材料封面,毕业生就不必

自己制作了。

二、求职材料制作的注意事项

(一)认真审阅、校对

自荐信、简历写完后,应认真审核校读,看看是否充分反映了自己的优点和特长;态度是否诚恳、平和。另外,简历内容与自荐信是否一致,行文是否简洁顺畅,反复阅读并修改其中的病句和错别字。自己校对完后,应再找文字功底比较好的同学帮助再校一遍。一定要记住:语句不通、错字连篇的求职材料只会给自己帮倒忙。

(二)认真审核各类材料

学历证明。如毕业证书、学位证书、参加社会培训的结业证书、第二学位的学位证书等。

学校或政府、社会机构颁发的荣誉证书。如"三好学生""优秀学生干部""优秀团员""优秀毕业生"等。

英语四级、六级证书,计算机等级证书,各类奖学金等级证书。

校级以上社会实践、征文比赛、文艺演出、体育运动会、社团活动等各类活动的获奖荣誉证书。

在正式出版物上发表过的文学作品、科研论文、美术设计作品、音像作品、摄影作品及各类小制作、小发明、小创作的图像资料等。

有一定水平的实训成果,如软件产品、手工作品等。

用人单位对能证明毕业生工作能力的材料会特别重视,如果你在某方面有特长,一定要以有说服力的材料充分展示出来。

(三)不要过分节俭

在求职材料的制作上,不要过分节俭。除非求职者的字写得特别漂亮,一般情况下,自荐信、简历、推荐表应打印,并选用质量好的 A4 纸张,同时检查是否有错字。封面、求职信、个人简历、推荐表、各类获奖证书复印若干份,并装订成册,这样一份完整的、详细的推荐材料就做好了。

第五节　网上求职方法

互联网已经成为当今人们生活和工作中不可或缺的一种工具，"网络改变了世界"。随着互联网的日益普及和广泛运用，越来越多的用人单位开始通过网络招聘的形式来招聘各类人才，网络已经成为一种全新的招聘应聘平台。互联网具有简便、快捷、低廉等独有的优越性，招聘单位可以通过海选的方式，找到称心如意的应聘者，同时还可以减少招聘单位的招聘成本。网上求职应聘可以减少高校毕业生的求职成本，众多的招聘单位也给毕业生提供更大的招聘空间和选择余地。网上招聘深受招聘单位的欢迎，也得到了毕业生的青睐，网上招聘求职方式将成为一种发展趋势。

教育部十分重视互联网的作用，加快了高校毕业生就业网络建设。教育部已经建立了"全国高校毕业生就业网络联盟"和"全国大学生就业公共服务立体化平台"，为高校毕业生提供丰富、便捷、高效的就业指导和信息服务。每年，教育部定期组织网络招聘会，吸引全国各地的几千家企事业单位招募人才，取得了很好的效果。目前，各省、市、自治区教育部门，各高校、各地人才市场也都开通了毕业生就业信息网，一些专职招聘网站也纷纷成立。有很多用人单位通过各类就业信息网站发布需求信息，也有很多毕业生双选会已经通过网络方式得以完成。同时，可以通过电子邮件、QQ 等方法及时与用人单位取得联系，实现网上就业。通过各类招聘网、就业信息网，毕业生可将自己的资料以产品广告形式向社会发布，强化宣传效果。毕业生还可通过网络了解掌握许多就业信息，这是一种收集就业信息的有效方式，它使毕业生从被动收集就业信息变为主动收集，从某种意义上来说具有开创性意义。

一、网络求职的优势

（一）招聘信息丰富全面、操作方便快捷

由于网络传播求职信息具有速度快、涉及面广、内容及时、经济价廉等优点，不少用人单位乐于通过这一途径发布招聘信息。同时，毕业生查阅招聘信息操作简单，并且收集的就业信息量大、范围广泛。所以毕业生要充分利用这一优势，经常登录互联网，特别是自己所在学校的就业信息网，及时查阅最新的就业招聘信息，收集、挑选自己如意的就业信息，为自己的择业寻找依据。

（二）求职方便、费用低廉

相对于人头攒动、水泄不通、令人窒息的传统大型招聘会来说，网上求职以免费浏览和申请、大量的职位信息、随时随地可进行、联系快捷等优点吸引了大量的求职者，为毕业生充

分彰显自己提供了一个平等的舞台。网上求职应聘免除了毕业生旅途劳顿之苦,毕业生足不出户,便可以获得最新最全的就业信息,最大限度地降低了毕业生的求职成本,节约了许多费用和时间,减轻了经济负担,提高了效率。

(三)信息空间大、更新迅速

和传统招聘方式不同,网络招聘无区域限制,天南海北、五湖四海的用人单位发布着无数的就业信息,提供了数以万计的就业工作岗位,这给毕业生提供了足够的信息空间,创造了更多的就业机会。另外,相对传统招聘方式,网络就业信息更新速度快,更新的职位岗位多,可使毕业生在第一时间了解和掌握用人单位的需求信息,可供选择的余地大、机会多。

(四)查询方便、再用机会多

互联网上网操作简单,查询方便,将简历免费挂在学校等一些就业招聘信息网上,毕业生可随时查询自己的简历被相关企业浏览的次数,这样可以从另一个角度察觉到企业对自己及专业的关注度,有利于促进自己的改进。另外,毕业生还可以在网上留存自己的简历,如果一次求职不成功,还有再次利用的机会,方便用人单位、猎头公司随时找到毕业生。

(五)可以及时掌握用人单位的基本情况

现在用人单位为了宣传自己,大多都建立了自己的门户网站,提供了大量的各类信息。毕业生可以随时随地通过互联网查阅自己中意的用人单位的基本情况,可以了解到自己急需的如单位性质、隶属、地域、产品、效益、机构设置、人才结构、招聘岗位、联系方式等综合信息,为自己的选择提供决策依据。

二、网络招聘信息收集的方式

与传统的就业信息收集方式不同,互联网就业信息的收集和利用有着自己的特点。在网络求职择业过程中,毕业生必须掌握网络的特点,学习一些网络收集信息的技巧,随时关注用人单位的招聘信息,以提高求职成功率。

网络招聘信息的收集渠道有以下几种:

(一)高校就业信息网

目前,按照教育部的要求,各高校基本都建立了自己的就业信息网。高校就业信息网主要服务对象是学生和用人单位,这使得高校就业信息网具有专业性和专门性的特征。高校就业信息网刊登的各种招聘信息是经过学校就业服务、部门审核,符合学校招聘条件才予以发布的,而且这些招聘信息针对性极强,所以应成为毕业生网上收集和利用就业信息的首选。需要指出的是,毕业生不但要经常登录本学校就业信息网收集就业信息,也应刻意登录其他高校就业信息网,收集相关就业信息,这样能够掌握更多的就业信息,开阔自己的视野。

(二)各级政府人才网站

按照国家的要求,各级教育部门、人事和劳动等政府部门都建成了自己的专门网站,如辽宁省人力资源和社会保障厅开办了"辽宁省就业网"、辽宁省教育厅开设了"辽宁省高校毕业生就业信息网"。由于这些就业网站都是政府部门建立的,具有公益性质和地方特色。这些网站政策信息和招聘信息量大、面广,比较可靠,同时还经常举办网上招聘活动,并负责发布公务员、事业单位招考等重要公告及通知,对毕业生就业很有帮助。毕业生应该多关注和浏览自己学校所在地和生源地、拟就业地的政府人才网站。

(三)企业网站

一般来说,知名企业的网站建设得都比较好,栏目内容丰富,而且大多都有独立的人才招聘专区。在招聘专区中,会常年公布一些岗位需求信息,对岗位职责及对求职者的要求都描述得比较详尽,招聘方式、联系方式也一目了然。这些企业每年都到学院招聘毕业生,那些有意到这些企业就业的毕业生就应经常登录这些企业的网站,时时关注相关信息。

(四)专业招聘网站

目前,许多企业为了扩大影响,不但在自己单位网站上发布招聘信息,还在一些专业的招聘网站上发布。所以,毕业生还应关注专业网站,如中国国家人才网、中华英才网、高校毕业生网等专业招聘网。如果毕业生想广泛宣传自己,还可以将自己纳入网站人才库,并将自己的简历在这些专业网站刊登。

(五)行业网站

许多行业也都建立了自己的人才招聘网站,这些网站只针对某一个行业或专业进行招聘应聘,针对性强。如机械、模具、汽车、广告、英语等行业或专业特色招聘网站,报考公务员的毕业生就应经常登录如"国家公务员网""辽宁人事考试网"等相关网站。毕业生可以根据自己的专业,结合自己的就业意向,上网搜寻招聘信息,充分利用这些信息为自己服务。

三、网上求职的技巧及注意事项

(一)有针对性地挑选网站

现在各级政府的教育、人事劳动等部门大都建立了自己的网站,为毕业生提供了大量的就业信息,同时各高校也都有自己的就业网站,这些网站都属于公益性的,发布的就业信息比较可靠,针对性强,应该是毕业生网上求职的首选网站。

(二)及时下载重要信息

每当在求职招聘的高峰期,招聘网站上的内容特别多,岗位、条件罗列一大堆。为防遗漏,节省时间,最好把网页上的内容先分门别类地下载到自己建立的专用文件夹的各目录中,等下线后再细细品味。

（三）第一时间投递简历

网络招聘会的举办周期为一周或一个月,但对于求职者来说,还是要争取在第一时间寻找中意的单位,并投递出简历,以便抢占先机。有用人需求的用人单位多数会在单位网站的人力资源部中开辟招聘专区,直接向其投档,比在求职网站中投档的命中率高。

（四）及时整理信息

由于网上招聘的用人单位多、信息量大,毕业生必须对这些信息及时进行整理,如果信息积累过多,整理较困难,贻误时机,信息也就失去了价值。同时,毕业生应建立自己的电子邮箱,对用人单位发来的电子邮件及时阅读并予以反馈。

（五）注意网上招聘陷阱

网络的虚拟性及无法直接面见的缺陷,时常会出现虚假就业信息和招聘骗局,这必须引起毕业生的高度警觉。网上招聘骗局通常有两类:一类是骗子公司以种种名义要求求职者交纳报名费、考试费、手续费、工装费、押金等费用,最后席卷而走;另一类是声称只要求职者花几十元、几百元就可以在家创业,这只不过是搬到网上的传销。毕业生参加网上招聘活动,应仔细阅读注册协议,谨慎填写个人资料,除必要的联系方式外,尽可能少地透露信息,并做好保密设置。

（六）注意保密

由于网络的安全性还无法保证,毕业生个人重要信息如个人基本信息、身份证号码、手机号码等,不要随意在网上公开,否则,个人重要信息有可能被不法分子窃取和利用,给自己造成不必要的损失。

【任务驱动】

1. 调查研究统计,雇主们在每份简历上所花的平均时间为 15 秒,并且所有简历中有 85% ~95% 最终的结局都是被扔进了垃圾桶。所以,一份好的简历对于求职非常重要。一份好的简历,除了外观、风格、篇幅、用词等方面,重要的是如何通过这一简历使自己脱颖而出。请大家每人写一份个人简历。

2. 学生每 5 人一组,每组分发 6~8 份简历。请各小组在 5 分钟内将几份简历按优秀程度排序,每组派一名代表说明排序的理由。

3. 讨论:在你知道的人中,你最欣赏谁的求职方法,为什么? 请 5 人一组讨论,并请几个同学和大家分享。教师总结学生提出的方法,总结求职的方法和理念。

4. 阅读下面材料,评述该毕业生求职信的优缺点。

尊敬的××公司领导：

　　我是一名××学院行政管理专业的应届毕业生，从网上获悉贵公司正在招聘销售人员，我对从事推销工作很感兴趣。我性格外向，喜欢把美好的东西与他人分享。大学期间在一家保险公司做过上门推销，积累了一些销售经验。这几天抽时间了解了一下贵公司的产品，发现自己非常喜欢，因此我觉得自己非常适合贵公司销售这个职位。我希望能在这个岗位上把在学校里学到的营销理论付诸实施，与公司一起成长。

　　信后附上我的简历及联系方式，盼着您的回信。

　　此致

敬礼

××××年××月××日

第六章　求职的方法与技巧

随着我国就业形势的日益严峻,就业求职压力不断增大,对于刚刚大学毕业的求职者的要求也越来越高。大学毕业生要想求职成功,除了有较高的专业本领和较好的工作能力,掌握求职择业的方法与技巧也很重要。

求职者为了求职成功,必须提高求职技巧,熟练运用求职方法,大学生求职择业时应广泛获取招聘信息,善于把握各种机遇,精心应对各种面试。

【教学目标】

1.理解大学生求职笔试的方法;

2.了解当前大学生就业笔试的常用技巧;

3.了解当前大学生就业面试的方法与技巧;

4.了解大学生参加公务员考试时笔试与面试的常见问题。

【案例导入】

裔锦声在取得华盛顿大学中文系学士文凭后的一天,看到了舒利文公司的招聘广告:要求求职者有商学院学位,至少有三年的金融工作或银行工作经验,能开辟亚洲地区业务。裔锦声很快就整理好个人资料寄了过去。此后,她每天坚持与该公司联系,以致该公司人事部门一听到是她的声音,便想着各种理由婉拒。最后,她鼓起勇气拨通了舒利文公司总裁的电话,并在电话里坦言:"我没有商学院学位,也没有在金融业的工作经验,但我有文学学位。我在读书期间,遇到了许多歧视和困难,我不仅没有退缩,反而变得越发坚强……我相信贵公司会为我提供一个施展才华的平台。如果贵公司感觉在我身上投资风险太大,可以暂时不付我佣金。"总裁最终被打动,让她来公司参加面试。经过七次严格筛选,她成了那次面试中唯一的胜利者。如今,裔锦声在华尔街建立了自己的重心集团,专为美国跨国银行与中国跨国企业提供全球人力资源与企业的管理咨询等业务。

【分析】面对面试无望这一窘境,裔锦声没有气馁,并鼓起勇气给总裁打电话,坦诚地向他表明了自己的不足之处,也及时而适时地亮出自己的优势,达到了"扬优补劣"的效果。惊人的胆量加上与众不同的优势帮助她赢得了很好的工作机会。许多用人单位十分反感应聘者在薪水方面的斤斤计较,尤其对初出茅庐、没有实践经验的应届大学毕业生更是如此。如果你真是一个人才,在求职遭到拒绝后不妨尝试一下"零报酬",求得机会后再充分表现自己。

【知识引导】

第一节 笔试的方法与技巧

笔试是一种常用的考核办法,它是用以考核应聘者特定的知识、专业技术要求或需要重点考核应聘者对文字的运用能力,以及考查录用人员素质的一种书面考试形式。笔试具有规范性、客观性、公平性、专业性、广泛性、应用性的特点,是相对公平的一种测试方式。根据我国相关法律、法规和政策规定,各级政府在公务员和事业单位人员招录,大学生"三支一扶""西部计划""村官计划"等招募活动及"专升本"等都必须进行笔试,笔试已经成为一些招录招募或升学考试的必经程序。

随着国家劳动人事制度改革的深化,国家公务员、事业单位招录必须进行笔试,已成为常态。为了帮助大学生充分就业,提高国家机关、事业单位人员整体素质,我国已将大学生列入招考队伍的主体之一,这为大学生获得理想的就业岗位提供了机遇。了解笔试的相关知识和技巧,可以帮助大学生从容应对各种形式的笔试,取得较为理想的成绩。

一、笔试的形式

笔试和学生日常的课程考试有相似之处,但在内容和形式上,还是有区别。按考试的侧重点分类,目前求职过程中的笔试形式一般有以下几种:

(一)专业考试

专业考试主要是检验应聘者担任某一职务时是否达到所要求的专业知识水平和相关的实际能力。此种考试的题目专业性强,如汽车制造、销售企业要考毕业生的汽车构造、汽车销售知识能力;外资企业、外贸企业要考应聘者的外语能力;科研机构招聘人员要考专业知识能力;公检法机关录用干部要考法律知识等。

(二)文化素质考试

文化素质考试是为了检验毕业生的实际文化程度,由用人单位给出范围或特定要求,通过试卷、作文、论文等方式来考查应聘者的知识、思维、文字表达能力的一种笔试方式。毕业生虽然有学校出具的学习成绩单,但用人单位为了直接掌握毕业生的文化水平,往往采取笔试的方法进行检验考查。考试的题目以话题类型居多,如要求文科学生运用某一原理或某一历史知识分析某一问题;要求理工科学生运用某一专业知识解决某一实际问题等。

(三)技能测试

技能测试是为了检验应聘者的实际工作能力或专业技术能力,这种考试往往针对特定的工作岗位来设计。例如,用人单位要招聘一名机械技术员,为了考查应聘者是否具有这方面的技能,会通过下面的题目来测试:给其一份技术图纸,看其能否识图;要求其编写简单的工艺等。拥有一技之长是大学生的"看家本领",也是大学生的就业竞争优势,毕业生可以通过技能测试凸显自己的优势和特长,在激烈的就业竞争中赢得先机。

(四)心理测试

心理测试是指用人单位用事先编制好的标准化量表或问卷,要求被试者在一定时间内完成,根据完成的数量和质量来判断其心理水平或个性差异的方法。一些特殊的用人单位常常以此来测试求职者的态度、兴趣、动机、智力、个性等心理素质。通过心理测试,用人单位可以了解和掌握应聘者的基本心理素质和心理取向,以确定应聘者是否符合招聘岗位的要求。

(五)国家公务员录用考试

国家公务员考试,指中央、国家机关公务员考试,时间相对比较固定,一般集中在 10 月和 11 月,简称"国考"。国家公务员,即依法履行公职、纳入国家行政编制、由国家财政负担工资福利的工作人员。

(六)事业单位录用考试

2011 年 7 月,国家人力资源和社会保障部宣布,从 2012 年开始,我国各级各类事业单位全部实行公开招聘形式,事业单位新进人员,都要实行公开招聘,进行笔试,禁止以各种名义规避公开招聘要求。事业单位录用考试与国家公务员考试有一定区别。由于地方不同,招聘单位岗位要求不同,考试科目也不同,一般来说,主要科目有"公共基础知识""职业能力测验"等。

二、笔试的准备和技巧

笔试以知识储备为基础,但掌握了笔试的相关方法并对笔试进行了充分的准备,就会提高成绩。固然笔试的成绩来自平时的能力,但不可否认它也有一定的技巧。

(一)笔试的准备

一般来说,笔试的准备有如下几方面:

1. 笔试前应做好复习的准备

复习已经学过的知识是笔试准备的重要方式。经过中学、大学多年的学习，同学们都掌握了一定的知识和能力，这些知识和能力可以为同学们考试奠定坚实的基础。同学们根据笔试的命题范围，针对不同类型的考试，翻阅相关的应试资料，对以前的知识进行全面科学的复习，增强记忆力，温故知新。另外，还应根据招考单位的不同要求，有针对性地进行一些相应的准备。

2. 做好写作的准备

写作是笔试的重要组成部分，也是非常关键的一个部分，如公务员考试写作占了突出的位置。当然，写作水平的提高绝非一蹴而就，它需要日积月累的历练方能显出成效。参加各类笔试的毕业生，应根据常见的题型和自己报考的类别，广泛阅读相关例文并注意解析、汲取内容中的要点，答题时一定要语法规范、语句流畅、条理清晰、逻辑严谨。

3. 保持良好的身心状态

良好的心态有助于一个人稳定地发挥出自己的水平，反之，可能会妨碍正常水平的发挥。毕业生一定要消除应试的紧张心理，无论参加什么类型的招录考试，都要视为一次普通的小考，不要给自己施加过大的压力。一定要以一颗平常心看待笔试、对待笔试，以积极健康的心态去面对笔试、迎接笔试，这样才能发挥出自己应有的水平。

4. 做好考试前的各项准备

考试对于毕业生来说虽是一件太平常的事，但总有一些毕业生还会犯下低级的错误，如没有携带相关证件和所需文具、迟到等，造成一些人还没有参加考试，就已经被淘汰了。考生必须做好各种准备，如事先查看考场，熟悉考场的环境及路线，了解考试注意事项，携带好身份证、准考证、文具等，这样才能保证有备无患，顺利参加考试。

（二）笔试的技巧

笔试有一定的技巧，掌握这些技巧对笔试会有一定的帮助。

1. 通览试卷

一般来说，许多类型的考试都是由难易题型按一定比例组成的，要了解整个试卷题目的多少和难易程度，就必须通读一遍试卷，然后根据先易后难的原则排列出答题的顺序。先做简单的题，后攻难题，这样就不会因为专攻一两道难题而浪费太多的时间，影响整个答题效果。

2. 认真审题

认真审题，搞清试卷题目的类型、要考查的知识点，这是答题人在答题前必须完成的一道工序。如果没有认真完成这道工序,匆忙出手,很可能答题时不得要领,严重时会跑题,答非所问。招录笔试对大学生来说是一种全新的考试,其内容涉及面广、灵活性大,甚至会出现从未见过的题型。所以,应试者必须冷静思考,认真审题,弄清题意。

3. 卷面整洁

笔试是用笔书写的一种考试,这既是对应试者文笔的考查,也是对应试者卷面的考查。一份文笔流畅、卷面整洁的试卷,肯定会给阅卷者带来清新舒适的感觉,赢得不错的印象分。而一份涂改无数、满面污黑或者字迹潦草、难以辨认的试卷,不管其答题是否准确,都不会给任何阅卷者留下美好印象的。

4. 尽量填满

在参加各类招录考试时,卷面上的试题应尽量答满。虽然有可能对一些题的题意把握不准,但一定按照自己的理解坚持做完题,切不要留下空白题。因为不作答,不仅卷面非常难看,还可能让阅卷者认为考生在知识上有欠缺,态度不够认真,从而对考生感觉不佳,有可能主观上就给降分了。

5. 认真检查

和所有考试一样,参加招录考试答完题后,在时间允许的情况下,一定要认真复查,查找答题时出现的错别字、语法不通、言不达意等各种错误,并立即予以纠正。通过复查可以最大限度地减少自己的错误,提高卷面成绩。

第二节 面试的方法与技巧

求职的方式方法五花八门,但总结起来无外乎两大类:一是笔试,二是面试。

面试是毕业生求职择业最为重要的一个环节,也是择业成功与否的决定性环节。在毕业生求职择业的几个环节中,面试的难度是最大的。对大多数毕业生来说,面试过程往往会出现紧张、畏惧心理,个别毕业生甚至会出现语无伦次、不知所措的尴尬现象。实践中,许多综合素质不错的毕业生轻松顺利地通过了简历关、笔试关,最后却因为自身原因在面试中被淘汰,十分可惜。面试对毕业生择业非常重要,毕业生要想在众多的竞争对手中脱颖而出,成功就业,就必须了解面试的基本内容,掌握面试的一些技巧,增加面试成功的机会。

一、面试的含义、特点及形式

(一)面试的含义

面试即当面测试,是用人单位与应聘者当面交流问答、进行选拔而采取的一种考核方法。面试是用人单位选拔毕业生最基本、最常用的方式,通过招聘者与求职者双方面对面地交谈、询问、观察等双向沟通方式,以考评求职者知识、能力、经验、气质、性格、身体和综合素质及求职动机。无论哪种类型的用人单位,招聘录用毕业生无一例外地都会采用面试这一基本考核方式。

(二)面试的特点

面试主要有以下几个特点:

1. 面试以谈话为主

交谈是面试的主要内容。在面试过程中,招聘考官居于主导地位,掌控着面试的谈话议题、谈话时间、谈话方式。招聘考官多以求职者的简历为基础,要求求职者回答一些基本问题,在求职者回答问题的过程中,通过观察其表情、体态、语言、语气等细节来了解求职者的背景、智商、形象,判断求职者素质特征和基本能力。

2. 面试是一个双向沟通的过程

在面试过程中招聘者居于主导地位,但求职者并不是完全处于被动地位,处于被询问的地位。求职者也可以通过交谈、提问等方式进一步了解自己应聘单位的单位性质、招聘岗位、工资待遇等基本情况,以判断是否符合自己的就业意愿,确定是否接受这份工作。

实践中,许多毕业生忽视了面试双向沟通的这一最基本特征,认为自己是弱者,"有求于"用人单位,生怕"得罪"用人单位,不敢在面试过程中就自己关注的问题向用人单位提问。以至于自己在没有全面了解掌握用人单位相关情况下,稀里糊涂地与用人单位签订就业协议,这样极易发生违约现象。

3. 面试内容的灵活性

面试遵循一定规律,但却没有具体的限定。每个用人单位的文化底蕴、用工思路、用工条件不同,招聘者的身份、习惯、思维、思路也不尽相同,造成面试的内容是万变的,具有灵活性。因此,作为求职者的毕业生既要做好充分的面试准备,又要注意在面试过程中灵活应对,真正做到有备无患。

4. 面试的直观性

面试是用人单位的招聘考官对求职者直接、面对面的考核,具有直观性,毕业生的知识、能力、爱好、特长、智商、理想等内在素质能够反映出来,毕业生的习惯、言语、性格、容貌、仪表等外在素质也能够充分表现出来。用人单位可以通过对毕业生内外素质直观的考查、考核,得到对毕业生的第一印象,基本就能够确定其是否符合录用条件,是否录用。心理学家欧文斯就面试提出了自己的看法:"大多数人(用人单位)录用的是他们喜欢的人,而不是最能干的人。"所以,毕业生应该掌握面试直观性的特点,力争在最短的时间内给招聘考官留下美好的印象。

(三)面试的形式

不同的用人单位会采取不同的面试方式,面试也就有着不同的形式。对毕业生采取何种面试形式,一般是根据招聘的人数、毕业生报名的人数、招聘的岗位、招聘的对象、工作性质等情况而定。一般来说,面试主要有以下几种形式:

1. 个别面试

这种形式一般是一个招聘人员与一个应聘者进行面对面的交谈。由于只有两个人参与,范围小,相对简单,双方容易建立较为亲密的沟通关系,加深相互了解和信任,沟通效果好。同时,由于参与人少,场面不大,毕业生会减少紧张、畏惧的心理,回答问题可能更流畅一些。

2. 小组面试

这种形式通常是招聘单位人力资源部门、管理部门、分厂车间(使用部门)等多个部门的人员组成的招聘小组来进行面试。由于招聘小组每个成员的面试思路、面试方法都不同,可能会从多种角度对应聘者进行考查,增加了面试的难度。由于需要应对众多的招聘考官的提问考查,场面较大,毕业生易紧张,对此,毕业生必须做好多方面的准备。

3. 成组面试

这种面试形式是招聘单位同时对几个(一组)应聘者进行面试,一般是在招聘数量大、面试人员多的情况下采用。招聘人员通过对几个应聘者同时进行面试,可以从外表到内涵对这些应聘者进行对比,考查他们的优缺点,从而筛选出优秀的人才。

4. 远程面试

这种面试方法是招聘单位通过互联网网络视频技术对应聘者进行面试。随着互联网的普及运用,网络招聘已经成为招聘的一种重要形式。目前,许多高校都建立了自己的招聘室,增添了视频设备,为用人单位招聘、毕业生应聘创造了必要的条件。远程面试主要适用那些用人单位远离学校,不便来学校招聘的情况。

二、面试的内容

面试过程中,招聘者通过观察、交谈、提问、测试等方法了解求职者的素质与能力,判断求职者是否符合他们的岗位需要。常见的面试内容主要涉及以下几个方面：

（一）个人基本情况

个人基本情况也就是个人背景，主要考查毕业生的个人情况，如年龄、民族、性别、身高、视力、籍贯、性格、健康状况、家庭情况、社会关系及个人经历等。

（二）智商

智商主要考查毕业生的所学专业、课程设置、学习成绩、综合测评排名、外语及计算机水平、职业资格证书、实践能力、操作能力水平等。

（三）情商

情商主要考查毕业生的人际关系、团队精神、适应能力、敬业精神等。如参加过何种社团，参加过什么社会实践活动等。

（四）形象

形象主要观察毕业生的相貌、仪表及言谈举止等。一般通过直接观察及回答问题等方式进行。

（五）应聘动机

通过提问等方法，了解毕业生为何要应聘本单位，毕业生想从事的工作岗位或为何对应聘职位感兴趣，毕业生希望得到的薪酬等问题。

【案例阅读】

黄盈是某大学中文系女生，不但人长得漂亮，而且对化妆品很有研究。大学毕业后，她想从事化妆品研发工作。由于专业不对口，几次应聘都被招聘企业拒绝，但她没有气馁，而是及时改变求职策略。她用了一个月的时间，到市场上详细调查了某化妆品公司的产品，采访了一些职场人士及爱好美容的女士，找出该公司产品的一些毛病，并请教了一位化工企业专家。随后，她发挥自己学中文的优势，整理出一份详细的报告书，直接找到自己想应聘的那家化妆品公司。该公司总经理看到报告书后，被黄盈对工作的热情与执着所感动，遂破格录用了她。

三、面试的准备

面试是一种集多种知识、能力、心理于一体的综合考核方式，是对毕业生大学几年学习、实践成果的一次检验。面试的重要性及过程中的多变性，要求毕业生必须高度重视、精心准备。实践证明，只要准备充分，从容应对，面试的过程其实比较简单。毕业生要想在面试中有出色的表现，脱颖而出，就必须做好充分的准备。"不打无准备之仗"，全面细致的准备是面试成功的一半。

（一）面试的自我准备

1. 提高语言表达能力

面试是毕业生与用人单位双向交流沟通的活动,语言表达是交流沟通的主要方式。毕业生无论是回答招聘考官的提问,还是向用人单位咨询相关问题,都需要自己有一定的语言表达能力。在面试之前,毕业生应该注意语言表达能力的锻炼,根据面试的内容有针对性地进行充分准备和训练,掌握好说话的节奏,做到思维敏捷、有条不紊、表达顺畅、镇定从容,还是会有一定收获的,这就是"临阵磨枪,不快也光"。

2. 准备好自我介绍

每一个招聘会都会有众多的毕业生参加,一般情况下,用人单位招聘考官为了能够区分并了解应聘者,都需要毕业生进行一个简短的自我介绍。自我介绍虽然简单,但非常重要,毕业生事先应精心准备并演练几回,力争通过这短短的几分钟能够给用人单位留下良好的第一印象。

3. 准备好自荐材料

毕业生参加面试还需要精心准备一份自荐材料。自荐材料是毕业生展示自己的特长,吸引招聘者注意的名片。用人单位招聘考官面试毕业生时,都要翻阅毕业生的自荐材料,并根据自荐材料的内容,给毕业生提一些相关问题。

4. 克服心理障碍

由于面试成功与否关系到求职者的前途,导致大学生面试时往往产生紧张情绪。大学生要正确面对,消除过度紧张、焦虑的情绪,尤其是第一次面试不要给自己加重心理负担,要增强自信心。

（二）了解用人单位及招聘者的基本情况

毕业生在面试前应尽可能地了解用人单位的基本情况,如单位性质、单位地域、隶属关系、企业规模、经营范围、经济效益、发展前景等。如果事先或在面试过程中发现招聘单位不符合就业意愿,应该立即终止面试,这一点非常重要。如果招聘单位符合就业意愿,应该在详细了解招聘单位的同时做好面试准备。另外,毕业生还要了解招聘人员的职务、性别、年龄、个性、联系电话等信息,以利于与其沟通,"知己知彼,百战不殆"。

（三）对可能要求回答的问题要有准备

按照常规,面试过程中用人单位招聘考官一般会提出这些问题:学习成绩、操作技能、兴趣爱好、家庭情况、自己的优缺点及对岗位要求、期望薪金、工作设想等。面试前,毕业生应该对面试过程中招聘考官可能提出的问题做好充分准备,最好事先把这些问题的回答一一列出,并多次演练回答,这样才能胸有成竹、信心十足,才能对答如流、从容不迫。

（四）准备自己将要提问的问题

面试是招聘者与求职者的双向交流,绝不是招聘考官对毕业生的单向"审问"。就业是自己的终身大事,切勿草率行事。毕业生必须向招聘考官进行一些提问,以解决自己所关心、关注的问题。面试中,毕业生的提问非常重要,通过提问可以了解用人单位的基本情况和招聘意图等。对于问题,在招聘前一定要准备好,最好也列出一个提纲。当然,毕业生提问绝不能不假思索,东拉西扯,一定要把握原则。第一,所提问题一定要与招聘有关,如单位经营范围、发展趋势、招聘岗位、工资保险、合同期限等,其他问题尽量避免涉及,以免引起对方反感。第二,切不要提出幼稚可笑的问题。提问的问题不宜过多,时间不宜过长,否则会喧宾夺主。同时,提问一定要注意语气,要给人一种诚挚、谦逊的感觉,不要引起招聘人员的反感。

四、面试的礼仪与技巧

面试是毕业生与用人单位招聘者之间的一次交流沟通,是非常严肃和正规的活动。礼仪在面试中的作用非常明显,一个温文尔雅、服饰得体、仪表端庄、彬彬有礼的大学生求职者,会给用人单位留下美好的第一印象,常常左右招聘者的感官。因此,毕业生在面试前应十分注意自己的礼仪。

面试的整个过程都包含了礼仪。面试中无论是自我介绍、倾听问题、回答问题、提出问题都有一定的礼仪技巧。通过观察大学生在面试过程中对礼仪的运用程度,可以察知其教养的高低、文明程度和道德水准,对用人单位招聘人员的决断有着重要的影响作用。

（一）服饰得体

虽然一个工作人选的最后决定很少会取决于该人的服饰,但是第一轮的面试中很多人被淘汰是因为他们穿着不得体。因此,为了给用人单位留下良好印象,首先要有一个良好的仪表形象,这既是树立自己形象的需要,也是对他人的尊重。如果衣冠不整、邋里邋遢,会令对方不快,直接影响是否被录用。

服装的选择要根据自己的求职定位,既要表现出有教养、职业化的面貌,又要表示出对面试方的尊敬。男生的最佳面试服装是两件套西装,特别是在应聘银行、法律、保险等行业职位时,尽量以简单稳重的造型为佳,如一套深色的西装搭配白色衬衣及丝质领带,穿上黑色的系带皮鞋是最佳选择。对女生而言,职业化的套装搭配中跟的皮鞋会给人精明、干练、成熟的印象。如果要应聘广告设计、大众传媒、艺术等行业的职位,可以穿着款式新颖时尚并能体现个性的服装。如果不能肯定该选择什么样的服装,选择穿套装是稳妥的。女生最好化淡妆,这既可以增添自信心,也是对他人的尊重,但千万不可浓妆艳抹,那样会让人感到不庄重。面试前还要注意面部、头发、手部的清洁,选择合适的发型,并要保持口腔清洁和口气清新。男生则要注意剃须和修剪鼻毛。

(二)举止得体

进入面试房间时,要先在面试室外轻轻叩门三下,轻重要适度,得到许可后再进入面试室,然后将房门轻声关上,切勿不敲门或未经允许便贸然进入,这一细微的细节可能会决定你的成败。进入后,可以很自然地扫视一下整个房间,确定面试考场的基本布局,包括自己的座位。一般情况下,面试场所都放置有应聘者坐的椅子,在招聘考官没有让你坐下时,不要急于坐下,招聘考官请你坐下时,应说声"谢谢"。入座时动作要轻盈和缓,不要让椅子发出声响。坐下后一定要保持良好的体态,目视招聘考官。回答问题时不要指手画脚、手舞足蹈,不做与面试无关的动作,切忌左顾右盼、抓耳挠腮、跷二郎腿以免引起招聘人员的反感。特别需要注意的是面试前要将手机关机或设置为震动静音:面试中接听电话或查看、发送短信是非常不礼貌的行为,会影响考官对你的印象,手机铃响也会打断个人面试时的思路或干扰情绪。

(三)称谓得体

如何正确地称呼招聘人员也是十分重要的。称谓得体会使双方的交流变得融洽,反之,会使场面尴尬,影响面试的气氛,面试者必须认真对待。如主试人员有职务,一般采用姓加职务的称呼方式,如"吴经理""刘部长""孙主任"等;如主试人员没有职务,就按照学校的习惯统称"老师",如"赵老师"等。切不要根据招聘人员的年龄等外观对其进行不规范的称谓,如"大姐""大哥""叔叔""阿姨"等。另外,如果面试组织方介绍了面试考官,毕业生一定要记住各招聘考官的姓名、职务并与人对上号。如果没有听清楚面试考官姓名、职务,要及时请教:"对不起,我没有听清您该怎样称呼!"防止出现因为忘记对方姓名、职务而造成的尴尬。

(四)谈吐文明

面试时,语言作为一种最基本的交流形式,在很大程度上关系到面试行为的成败。所以必须注重礼貌谈吐,准确措辞,清晰表达。在整个面试过程中,一定要认真、专注地倾听考官的问话,记住对方讲话的重点,适当地做出一些反应,如点头、会意地微笑。不要经常打断对方话题,生怕对方不了解自己或误解自己的意思,不要急于辩解,这是非常不礼貌的表现,一定要等对方谈话结束后,再阐述自己的想法和观点。在回答主试考官提出的问题时,要吐字清楚、声音适中,以保证听者能听清为宜,不要吞吞吐吐,或者声音轻如蚊蝇,这会显得缺乏自信;过大则影响他人,显得缺乏教养。语速适中,要根据谈话内容调节速度与节奏。语言简练,千万不要夸夸其谈,不着边际。毕业生与招聘考官进行交流时,一定要使用普通话,使用方言不但难以沟通,也容易产生歧义,具有一定的局限性。

(五)礼貌告辞

面试结束后,应该站起来,主动与招聘人员握手,并道声"谢谢""再见",然后离开,轻轻地关上门。这种细微的举动,会给招聘人员留下美好的印象。

（六）按约定时间准时赴约

面试主要是用人单位对毕业生的一次考查,它往往决定了是否录用某个毕业生。实际过程中,用人单位采用的面试地点多半是学校或用人单位,不论在何地面试,毕业生都应该牢记面试的时间和地点,并比约定的时间提前 5～10 分钟到达指定地点,以表示自己的诚意,给招聘考官留下良好的印象。如果不遵守约定的时间,迟到了,肯定会给招聘考官留下不好的印象,甚至会失去面试的机会。

（七）静候面试

无论用人单位采取何种形式的面试,面试活动都是有一定程序和顺序的,有的用人单位根据专业,有的用人单位根据到场时间来组织面试。一般来说,参加招聘面试活动的毕业生比较多,这需要一些毕业生在指定的区域静候,等待面试,这是一种良好素质的表现。千万不要来回走动,大声喧哗,以免影响面试活动。如果毕业生是到用人单位面试,更应谨慎,一定在指定办公室静候,不要到其他办公室走动,不要乱翻用人单位的书刊和资料。

总之,在面试过程中,考官会从服装、化妆、言行举止等方面综合考查,并将其与你的素质、能力、性格特质等相联系。世界著名跨国公司三井物产（中国）负责人事工作的王维岭先生说:"面试能不能成功,也许在你踏进大门后的最初 3 秒就被决定了。面试首先考核的是应聘者的外在气质,应聘者的衣着、发型、走姿,以及与面试人员打招呼、接送文件的举止,这些不经意间完成的动作,正是公司对他们外在气质的考查过程。"细节体现教养,细节展示素质,因此,必须对细节之处的礼仪多加留心,才能在激烈的竞争中脱颖而出,赢得自己满意的职位。

【案例阅读】

毕业于北京某大学的小李学的是工商管理专业,在一场大型招聘会上,他相中了一家国内著名的汽车代理公司提供的职位——营销员,但他们要求应聘者是市场营销专业毕业。不过小李还是决定试试。招聘人员告诉他,公司要扩大业务,所以需要有市场开拓能力的学生。听完介绍后,小李随即表示自己具备市场开拓能力,并列举了自己在大四期间在某药厂实习时,参与开拓市场并取得不俗成绩的经历。听了小李的自我介绍和具有专业水准的表述后,招聘人员对他的专业素养很满意。三天后,小李接到了面试通知并顺利通过。

【分析】在应聘过程中,很多应届毕业生一看到和自己专业不对口的工作扭头就走,但如果你非常喜欢并自认为适合这份工作,就应该勇敢地去应聘。专业不对口的小李在面试时采取了"先入为主"的策略:不先亮出自己的简历,以避免考官先发制人说"抱歉",而是在与考官对话的过程中,充分展示自己市场营销方面的才能,让考官相信自己具备胜任这个工作岗位的能力。

五、面试后的注意事项

许多毕业生只注重面试时的技巧,忽视了面试后的工作。事实上,面试结束后不意味着求职择业过程的完成。一个细心的毕业生在面试结束后,还需要做许多工作。

(一)全面总结面试经验

面试结束后,毕业生必须做好两手准备。无论是否被用人单位录用,都必须对自己在面试过程中的表现进行总结。如果被录用,说明在面试过程中表现得比较优秀,可以认真总结自己的成功经验,以便不断提高并及时传授给其他同学;如果没有被录用,更应该认真地进行反省,查找自己存在的不足,总结自己的经验教训,不断改进细节,"吃一堑,长一智",以便在下次面试中得以利用。

(二)与用人单位取得联系

如果用人单位当场没有宣布录取结果,一般情况下会在两周内公布录取结果。这种情况下,毕业生必须记下招聘人员的姓名、职务、联系电话,以便在合适的时候主动与其联系,确认自己是否被录用。对于长时间没有录用消息的面试,应该做好放弃的准备,为下一个面试重新做准备。

(三)做好签约和顶岗实习的准备

如果确认被用人单位录用了,应该做好签约准备。到本人所在院系领取就业协议并按照学校、用人单位的相关规定和要求填写,然后按约定的时间交到学校或用人单位。由于大多数用人单位都要求毕业生顶岗实习,被录用后,应该认真学习学校有关顶岗实习的规章制度,积极做好顶岗实习的各项准备工作。

第三节　公务员考试的笔试与面试

中央、国家机关的公务员考试包括笔试(公共科目、专业科目)和面试。以前公共科目笔试按 A、B 类职位分别进行。A 类职位笔试公共科目为"行政职业能力测验(A)"和"申论";B 类职位笔试公共科目为"行政职业能力测验(B)";专业科目笔试和面试时间由招考部门自行通知。从 2006 年开始,A、B 类都要考一样的科目,就是"行政职业能力测验"(以下简称"行测")和"申论",只不过"行测"分别命题。

各个地方的考试科目都有笔试和面试。笔试科目各有不同。报地方公务员考试要注意查阅当地政府公布的招考简章,以便有针对性地进行复习。目前就公务员考试改革的趋势来看,倾向考"行测"和"申论"两科。

报考专业性公务员岗位的要加试专业科目考试,如报考辽宁公安系统公务员岗位的考生要加考"公安基础知识"。

一、公务员考试的笔试

(一)笔试前考生注意事项

1.做好考前物品准备

考生在考试之前把所需要的物品列一张清单,注意检查,防止遗漏。

2.打印准考证及考试用品准备

检查准考证是否打印(多打印几张),同身份证件放在一个文件袋内再放入书包内,书包可以带入考场,但考试工具拿出来后,书包须放在指定地点。将考试所需物品准备到最方便自己的程度,铅笔应削成扁状(笔头类似刷子形状),以提高涂卡速度。同时,须购买质量好的橡皮一块,行测考试和申论考试均需要黑色字迹的钢笔或签字笔,每位学员至少准备两支。

3.提前熟悉考场

一定要提前找到考场,了解行车路线,估算行车时间,尤其要把当天可能堵车的情况考虑在内。如考点较远,可考虑提前一天住进考点附近的宾馆休息。

4.保证充足睡眠,保持心情愉快

考试前考生应消除紧张感,保证充足的睡眠。考前一周注意不要打疲劳战,睡眠是必需的。在考前几天,最好不要吃油腻不易消化的食物;睡前不要喝咖啡、茶水等具有兴奋作用的饮料;建议喝一杯有助于睡眠的牛奶;忌空腹喝,这样会使胃部感到不适,可以加一点蜂蜜。保证良好的状态,这比熬夜到两点多看几道题强多了。通常来说,一个良好的状态会使你提高5~10分。

5.不要随意改变习惯,造成身体不适

比如你没有吃早饭的习惯,那考试当天也不要吃早饭,否则身体会有不适,影响答题状态。

6.考试当天应保持头脑清醒

不要受外界影响,考前应精力集中,尽量少说话,保持平静,减少与外界的联系。

7. 早晨到考场不宜过早

一般考试前 15 分钟入场,考生在考试开始前 25~30 分钟到场为宜,否则外面较冷,会影响考试状态。

(二)笔试过程中注意事项

1. 行测重在扫描

行测题量大,不能过于注重"一城一地"的得失。

2. 申论重在思路

申论要思考每种题型的应对技巧与应对思路。

3. 要调整心态,切忌自我怀疑

考生一定要相信自己,并且保持心态平稳。不必过于担心、过于紧张,放松下来才能正常甚至超常发挥。

4. 要坚持考试,切莫半途而废

到了这个阶段,无论是否完成原先的复习计划,考生都会产生一定的忐忑心理,觉得自己准备得还不够好。在此需要提醒各位考生,要相信自己所付出的努力。除了坚持走进考场,坚持完成考试也很重要,无论上午的行测难度多大,你答得多么不好,都要坚持继续考申论,坚持下去,努力答完就会有机会。

(三)笔试的答题技巧

考试的时间和题型。公务员录用考试共两个科目,从考试时间看,行测为 2 小时,申论为 2.5 小时。每科的总分为 100 分。要想顺利通过考试,除了必须做好充分的复习,掌握一定的知识,还要掌握一些答题技巧,这将如虎添翼。

1. 客观题

计划答题时间,保持稳定的答题速度。考试开始时,应该先看试卷的题量,并且对每道题应占用的时间迅速做出估计。保持稳定的答题速度也是很必要的,一般的做法如下:首先通读并回答你知道的问题,跳过没有把握作答的问题。然后重新计算你的时间,看看余下的每道题要花多少时间。在一道小题上花过多的时间是不值得的,即使你答对了,也可能得不偿失。

按题目要求答题。在阅卷中发现,有不少考生连题目的要求都没看清楚就开始答题了。请记住,一定要认真阅读题目,在做选择题时要看清所有的选项。

2. 主观题

仔细阅读试题。主观题一般是考查考生分析问题和处理问题的能力,相对来说难度较大,建议考生对题目要求至少阅读两遍。认真审题一方面能帮助考生准确理解题意,不至于忙中出错;另一方面,还可帮助考生从试题中获取解题信息。

问什么答什么。简要归纳所论述的观点,逻辑清晰,思维缜密,并且根据题意分出几点,做到尽可能地从几个角度分析问题、解决问题。不可偏离题意,凭空编造,这也是和仔细阅读试题密不可分的。

二、公务员考试的面试

面试时,报考人员须提供本人身份证件(身份证、学生证、工作证等)原件、所在单位出具的同意报考证明(加盖公章)或所在学校盖章的报名推荐表、报名登记表等材料。应届生报名参加国家公务员考试不需要准备其他材料,只需在网上进行报名即可。

(一)面试的准备

面试前一定要进行必要的准备:一是仪表,要整洁朴素大方,但不必打扮得过于成熟;二是要尽量让自己平静下来,不要对自己要求太高,不要苛求自己语出惊人,那样容易导致心态失衡,影响思路和语言的流畅性,能做到真实自然,让考官了解自己的真实想法就不错了;三是一定要诚实,说假话肯定会表现得不真诚,而且为了弥补谎言要承担巨大的心理压力。

(二)公务员面试的基本程序

在引导员带领下,考生会被领到考场门口,考场的门是处于关闭状态还是敞开状态,要看季节、天气、温度等情况,各地习惯也不同,没有统一规定。到达门口后,应对引导员说"谢谢""辛苦了"等感谢的话。

1. 敲门

公务员面试考场是个严肃的场合,考生应用右手食指弯曲后敲门,其余手指握在手心,不要用多个手指甚至手背、手掌敲门,否则声音会很杂乱。声音应大小适中,间隔0.3～0.5秒,敲三下,敲门声音要坚定而不紧张,有一定力度,但很谦虚。当然,如果考场门是敞开的,你只需要对引导员含笑说"谢谢"后,立定,面向考场内考官席,在1～2秒内稍微整理一下姿势和仪态,即可步入考场。

2. 关门

无论你进来之前门是开着还是关着,你都要关门,这体现你的修养。考场的门在考试期间是关闭状态。关门时声音不能太大,要用手扶着门柄关门。应背对考官将房门关上。如果门上是碰锁,最好先旋起锁舌,关上门后,再放开,以减轻关门声对他人的干扰。然后,缓慢转身面对考官。

3. 第一印象

进入考场从考官看到你的那时起,面试就真正开始了,考生应以良好的仪容、仪态和微笑、自信、谦虚的表情面对考官。这充分表现了你的修养、稳重、信心和力量。

第一印象的形成一般只需十秒钟。在最初的十秒钟,应试者会用眼睛、面孔、身体和态度来表露出真实的自我,这往往是无意识的。

4. 就座

落座前先低头看清楚椅子的位置,最好先双手将椅子拉后一点,再坐下,坐下后,双手向后,微微抬起身子,将椅子调整到与桌子和自己身体相对合适、舒适的位置。在调整过程中,轻拿轻放,不要弄出响动,更不要将桌子上的水杯、笔、纸张、卷子等碰倒。坐下后,坐到椅子2/3即可,不要仰靠,也不要只坐一个椅子角。

5. 面试开始

一般情况下,面试桌子上会有草稿纸、一支笔和一纸杯水,大部分还会有题本(扣放)。考生不必自己带草稿纸和笔。不过,为了防止桌子上的笔在多次使用后不好用,自己在衣服口袋里准备一支,万一发生这种情况,你拿出自己的笔也会使考官眼前一亮。

6. 考试结束

起身走到门口,开门,转身正对考官,慢慢退出,微笑着把门轻轻关上,给人有礼貌和有修养的感觉。

(三)结构化面试

1. 概念

结构化面试也称标准化面试,是根据所制订的评价指标,运用特定的问题、评价方法和评价标准,严格遵循特定程序,通过测评人员与应聘者面对面的言语交流,对应聘者进行评价的标准化过程。

2. 特征

结构化面试由主考官根据预先准备好的问题和有关细节,逐一发问。其目的是获得有关应试者全面、真实的材料,观察应试者的仪表、谈吐和行为,以及沟通意见等。其显著特征如下:

根据工作分析的结构设计面试问题。这种面试方法需要进行深入的工作分析,以明确在工作中哪些事例体现良好的绩效,哪些事例反映较差的绩效,由执行人员对这些具体事例进行评价,并建立题库。结构化面试测评的要素涉及知识、能力、品质、动机、气质等,尤其是有关职责和技能方面的具体问题,更能够保证筛选的成功率。

向所有的应聘者提出同一类型的问题。问题的内容及其顺序都是事先确定的。结构化面试中常见的两类有效问题如下:以经历为基础的问题,与工作要求有关,且为求职者所经历过的工作或生活中的行为;以情景为基础的问题,在假设的情况下,与工作有关的求职者的行为表现。提问的秩序结构通常有两种:第一,由简易到复杂的提问,逐渐加深问题的难度,使候选人在心理上逐步适应面试环境,以充分地展示自己。第二,由一般到专业内容的提问。

采用系统化的评分程序。从行为学角度设计出一套系统化的具体标尺,每个问题都有确定的评分标准,针对每一个问题的评分标准,建立系统化的评分程序,能够保证评分一致性,提高结构有效性。

3. 标准

公务员的面试是采取结构化面谈的方法,满分 100 分,合格分数线为 60 分,未达到合格分数线的考生不能录用。

4. 题型与评分

结构化面试的题型包括背景性题目、知识性题目、情境性题目、智能性题目、行为性题目、意愿性题目,各有其特点和功能,为面试内容和要素服务。另外,结构化面试一般实行限时,7~9 个考官测试一个被试人,一次一次地进行。评价按要素打分,各个要素的分值具有科学的结构比例,成绩汇总采用体操打分法,即考官评出的分数,去掉一个最高分,去掉一个最低分,剩余有效考官评定分数的算术平均值,为考生的面试成绩。

(四)公务员面试的基本技巧

1. 分析思考问题要有深度和广度

分析思考问题要有一定的深度和广度,不能肤浅地停留在表面。每个问题、每个事物都不是孤立存在、与世隔绝的,而是与其他事物、现象有着客观的、必然的联系。所以,仅仅局限于所思考问题本身而不能与其他现象、问题相关联,所得出的结论也只能就事论事,难以保证正确性、全面性。

2. 具备辨析及综述的能力

一个问题如果从纵向(即深度层次)和横向(即广度方面)全面展开将意味着与很多其他现象、问题相共存,但真正解决问题却未必需要,因为全面中必有重点,抓主流才能提高解决问题的效率,这就需要我们对各种材料、问题去粗取精、去伪存真,进行分析筛选、重新整合,最终以"精粹"的面貌得出正确结论。

3.分析思考问题要有逻辑性

分析思考问题进而得出正确结论,必须有严密的逻辑,而不能天马行空,自由阐述。逻辑性最基本的表现就是根据正常逻辑程序自圆其说,阻却自相矛盾在分析问题过程中的干扰。良好的逻辑性不仅直接影响到结论的正确性,而且是衡量一个人思辨能力的最重要指标,同时也是体现思维过程科学性的标准。

4.分析思考问题要敏捷

这个指标是从反应力方面考查思辨能力的。一般而言,在同等知识储备和相同给定条件下,得出结论越迅速,思辨能力就越高。特别是在应对面试的过程中,由于时间较短,不可能进行细斟慢酌的推理、演绎。因此,在具备相当理论水平和学识基础的情况下,提高分析思考问题的速度就是提高自己的思辨能力。

5.结论要新颖

真理的相对性意味着很多问题仁者见仁、智者见智,因而单纯地拾人牙慧不能促进理论、科学的进一步发展,有所突破、有所创新的结论才能真正体现出解放思想、不受经验主义和教条主义束缚的思维发展进程。

6.思辨过程及结论符合理性

理性并不等同于正确性,必须依据真实材料冷静、客观地分析、总结,杜绝主观臆断或者偏激推理,更不能为追求新颖度或体现自己理论的独树一帜而创造假现象、假材料。

7.表达要准确且有逻辑性和感染力

言语表达以对方的准确、清晰接受为目的,因此严密、准确的遣词造句是必然且必需的,而且优秀的遣词造句在表达自我观点的同时还能增强表达的感染力,体现表达者的精神内涵。

逻辑性要求表达者必须按照通常的逻辑表达方式或言语信息接收者所能接受的逻辑表达方式进行表达,由于人的思维过程要比口头表达的速度快很多,所以要尽量实现思维与语言的同步化。

8.表达的音质、音色、音量、音调

这是言语表达能力的物理学指标,虽然具有很大程度的先天因素,但是如果进行有意识的训练及控制、调整,能够在表达中抑扬顿挫、音质优美、富有"磁性",增强语言感染力。

9.表达的态度适当性

言语表达是一种有意识的行为,必有情感因素掺杂其中,而接收者也带有某种情感来倾听,因此适当的表达态度极为重要。如果在应当慷慨激昂的场合使用了温文尔雅的表达态

度,会给人以软弱无能的感觉,从而引起听众对所表述观点正确性的怀疑。反之,如果在应当轻声慢语的场合使用了"豪言壮语"式的表达态度,则会给人以粗鲁傲慢、飞扬跋扈的印象。除此之外,其他不同的环境如果采用与之不相符的表达态度,也一样会影响表达效果,引起听众反感。

【案例阅读】

某名牌大学毕业生张磊,在校学习成绩优异,刚迈上社会第一步时,和许多年轻人一样,怀揣着对未来生活的美好憧憬,希望能在社会的舞台上一展抱负。然而现实的世界并不是他所想象的那样简单。虽然张磊凭借自己出色的条件获得的面试机会不少,但是性格内向的他一到面试考官面前,就显得无所适从,不知怎样表现自己,原本话就少的他在面试时更是不知所措。过了大半年,跑了数十家招聘单位,却总是卡在面试关上。一次次的失败,让他越来越沮丧,自信心备受打击,整天郁郁寡欢,时间一长,他甚至害怕听到面试两个字。对他而言,面试成为一个难以逾越的"鸿沟"。

在就业激烈的竞争压力下,如何在招聘者面前展现自身的良好形象和能力,是考验当代大学生的一道难题。想在众多的求职者中脱颖而出,一要有过硬的专业技能,二要有推销自己的能力,而推销自己的基本渠道就是通过笔试和面试来实现的。

【任务驱动】

1. 简述大学生就业笔试常见的类型。
2. 简述笔试前的准备工作。
3. 简述面试的特点。
4. 简述面试的礼仪与技巧。
5. 简述公务员考试笔试过程中的注意事项。

第七章　创新精神与创业能力

"创新是一个民族的灵魂,是一个国家兴旺发达的不竭动力。"在建设创新型国家的总体战略部署下,大学生培养创新能力既是实施科教兴国和建设创新型国家的必然要求,也是提高大学生自身综合素质的重要途径。

创新意识是善于独立思考、敢于标新立异,提出新观点、新方法,解决新问题和创造新事物的意识。它是创新思维和创新活动的基本前提和条件,直接决定创新活动的产生和创新能力的发挥。创新意识,就是求佳意识。马斯洛说:"创造性首先强调的是人格,而不是成就……"自我实现的创造性强调的是性格上的品质,如大胆、勇敢、自由、自主性、明晰、整合、自我认可,即一切能够造成这种普遍化的东西,或者说是强调创造性的态度、创造性的人。

提高大学生的创新能力有着重要的意义,增强大学生的创新意识,不断培育年轻一代的知识水平和创造性能力,是继承中国先进知识成果的首要条件,也是不断创造新发现并赶超世界先进生产力的不竭动力。

【教学目标】

1. 理解创新精神的含义,了解适宜大学生创业的社会环境;
2. 了解创业能力的内涵及类型;
3. 了解创新创业应具备的素质和能力,掌握创新创业素质和能力的培养途径;
4. 了解大学生创业所面临的问题及其主要原因。

【案例导入】

犹太人对创新创业教育的重视

犹太人是全世界公认最聪明、最有智慧的民族之一,他们的智慧归功于家庭、学校、社会对创新创业教育的重视。让我们看一段有趣的案例:

第二次世界大战期间,奥斯威辛集中营,一个犹太人对他的儿子说:"现在我们唯一的财富就是智慧。当别人说一加一等于二的时候,你应该想到大于二。"德国纳粹在奥斯威辛毒死了几十万人,父子俩却侥幸活了下来。

1946 年,他们逃离奥斯威辛集中营,来到美国,在休斯敦做铜器生意。一天,父亲问儿子:"一磅铜的价格是多少?"儿子答道:"35 美分。"父亲说:"对,整个得克萨斯州都知道每磅铜的价格是 35 美分,但作为犹太人的儿子,应该说 35 美元。你试着把一磅铜做成门把看看。"

20 年后,父亲去世了,儿子独自经营铜器店。他叫麦考尔,他做过铜鼓,做过瑞士钟表上的簧片,做过奥运会的奖牌。他曾把一磅铜卖到 3 500 美元的高价,那时他已是麦考尔公司的董事长。然而,真正使他扬名的,是纽约州的一堆垃圾。

1974 年,美国政府为清理给自由女神像翻新时扔下的废料,面向社会招标。但是,好几个月过去了,没人应标。正在法国旅行的麦考尔董事长听说后,立即飞往纽约。看过自由女神像下堆积如山的铜块、螺丝和木料后,他竟然未提任何条件,当即就在合约上签了字。

麦考尔不顾旁人的嘲笑,组织工人对废料进行分类。他让人把废铜熔化,铸成小自由女神像;把水泥块和木头加工成底座;把废铅、废铝做成纽约广场的钥匙;最后他甚至把从自由女神像身上扫下的灰尘包装起来,出售给花店。不到 3 个月的时间,麦考尔让这堆"废料"变成了 350 万美元现金。

麦考尔不仅把 35 美分一磅的铜卖到了 3 500 美元,还把别人眼里的这堆垃圾变成了 350 万美元,使每磅铜的价格整整翻了 1 万倍。他的这种非同寻常的商业头脑与快速运动归功于从小接受创新创业方面的教育和历练,这种教育叫创新创业教育。直到今天,人口小国以色列,创新力超强,并成为仅次于美国的全球第二大创业国。

【知识引导】

第一节 大学生的创新精神与创业环境

激发大学生的创新创业精神极其重要,这关系到民族、国家的未来。而这一工作要与现代教育紧密地联系在一起,教育必须培养大学生的实际工作能力和创新精神,而不是一种简单的灌输、填鸭式的教育,要更多地进行学生的创新精神的培养,这也就需要国家的大力支持。

——黄伯云

一、大学生创新精神培养

创新对于一个民族、一个国家或一个政党都具有至关重要的意义,它是知识创造、转换和应用的过程,是解放思想、实事求是的必然结晶。

（一）创新精神的含义

创新精神是指具有综合运用已有的知识、信息、技能和方法，提出新方法、新观点的思维能力和进行发明创造、改革、革新的意志、信心、勇气和智慧。

创新精神是一个国家和民族发展的不竭动力，也是大学生应该具备的基本素质。它是进行创新活动必须具备的一些心理特征，包括创新兴趣、创新胆量、创新决心，以及相关的思维活动。

创新精神是科学精神的一个方面，以敢于摒弃旧事物、旧思想，创立新事物、新思想为特征，同时又以遵循客观规律为前提，只有当创新精神符合客观需要和客观规律时，才能顺利地转化为创新成果，成为促进自然和社会发展的动力。

（二）培养大学生的创新精神

培养大学生的创新精神，是高校更是国家政府乃至全社会的责任，营造良好的环境，有利于大学生更好地发挥他们的才智。

1. 弘扬民族精神，树立远大理想，努力提高自身素质

大学生是国家的希望和未来，大学生的理想就是国家的明天，所以大学生一定要心系祖国，志向高远，站在民族和国家的高度，看待自己的将来和志向，承担崇高的历史使命，努力提高自身素质，只有练就真正的本领，才能救国救民，否则就是一纸空谈。

2. 积极引导，启迪和激活大学生的创新意识

意识是思想的萌芽状态和初级阶段，而学校又是传道、授业和解惑的场所。因此，通过课堂教学和引导来启迪和激活大学生的创新意识至关重要。创新性学习的功能在于提高一个人发现、吸收新信息和提出新问题的能力，以迎接社会日新月异的变化。

3. 教育和强化大学生的创新观念

观念是行动的先导，人们的行动总是在一定观念的指导下进行的。只有正确的观念才能产生正确的行动。因此，要培养和提高大学生的创新精神，应注重大学生创新观念的培养与更新。马克思指出，人的创造性、能动性是自然赋予人的潜能素质，若得到开发，就表现为人类特有的感觉能力、思维能力、意志和体力。教育的任务是使人的创造才能和创造潜能都能结出丰硕的果实，这一目标比其他所有的目标都重要。每个人都具有创新的潜能，关键是是否意识到并有意识地培养，因此，应该有意识地在大学生中树立创造可培养的观念和积极的创造价值观，从而使创造力的伟大价值深入每个教育者和受教育者的心田。要使大学生认识到，创造是人类文明之源泉，是创新世界之母，是人类赖以生存和发展之重要手段，是社会前进之动力，是个人成才之基础，创造力是生产力诸要素中最核心的要素。要引导大学生树立信心，自觉将自己的创造潜能与学习及将来的事业结合起来。

4.加大宣传,弘扬创新精神

学校有关部门应该在全校范围大力宣传和弘扬创新精神、打造声势、营造氛围,帮助大学生提高对创新能力的正确认识、强化创新意识和观念、追求创新精神。

二、适宜大学生创业的社会环境

在鼓励全民创业的大背景下,青年创业者借"互联网+"之势乘风破浪,离不开国家政策的倾斜。2015年6月11日出台的《国务院关于大力推进大众创业万众创新若干政策措施的意见》(国发〔2015〕32号),这份"双创"顶层设计文件,从"简"字入手激活市场,从"钱"字入手保障资金,从"机制"入手打造制度环境,对青年创业创新进行了全方位的政策布局。

(一)经济的发展需要创业

20世纪后半期,世界经济空前发展,技术革命风起云涌。近30年来,信息科学、生物科学、材料科学、空间科学等前沿科学取得了前所未有的发展,尤其以信息科学为代表的新科学、新技术将人类的生产、生活带入了一个新的历史纪元,在世界范围内掀起了知识经济的浪潮。

在这样的时代中,要求每个有志于实现人生价值的人都应有创业的精神和创业的志向。不断进步的经济社会,人类积淀的科技成果和物质基础为人们开创事业提供了充分的物质保障。通信的发展,使信息交流更为便利;交通的发展,使人们的出行更加便捷。但要适应经济社会不断发展的要求,使自己从容地生活于这个不断进步的社会,就必须根据环境的要求和自身的特点进行一番创业活动。这既是社会进步对人的要求,也是人们自身发展的必然趋势。

(二)当今时代呼唤创业

大学生的就业形势非常严峻,提高大学生的就业竞争力越来越成为大家关注的问题。有人这样比喻大学生创业:与其1 000个人去抢一个"工作席位",不如给自己"造一把椅子"。在"疏导""分流"大学生就业压力的呼声中,社会越来越多地给予创业的大学生各种支持,大学生自主创业成为一种重要的就业方式。

综观全球,在知识服务、现代服务和高新技术领域,大学生创业已经成为世界性趋势。

在美国,50%以上的大学生边学习边创业,毕业后即拥有了初具规模的产业,而且在这些成功者中不乏当今世界经济影响举足轻重的人物,如微软公司的比尔·盖茨、DELL计算机公司的戴尔、Yahoo的创始人杨致远等。在中国,社会的创业活动越来越活跃,创业指数不断提升。18~24岁的成年人在创业中一直保持着较高的比例,年轻化是中国创业活动的一个特点。例如,马云及其所领导的团队就创造了一个不可能的创业神话。同时,从社会性的创业活动来说,需要不断有新鲜的血液注入,创业者的素质需要不断地提高,队伍需要不断地壮大。在这方面,更为重要的是,连续多年的扩招使高等教育发展的速度远远超过了社会经济发展的速度,加上我国的经济已经步入低速增长阶段,就业机会大大减少。自改革开放以来,大多数用人单位已经储备和补充了一批同层次的人才,单位用人已经进入成熟稳定期,不会大进大出吸纳高校毕业生。

随着产业结构的调整与优化升级,用工质量的要求也越来越高。当许多学生在人才市场左顾右盼、两手空空的时候,当"毕业即失业"的危机出现在眼前的时候,"创业即就业"就成为一种必然的选择。

(三)产业结构的调整需要创业者

产业结构是指产业部门之间和产业部门内部相互间的关联和比例。随着我国经济的发展和改革的逐步深入,以及经济结构战略性调整的不断推进,产业结构的调整已加快了步伐。这意味着行业中原有投资主体退出,个别行业萎缩或消失,而新的投资者出现,新兴的行业将迅速崛起。新兴行业的出现和投资主体的多元化将推动一大批创业者产生与成长。在经济全球化的发展趋势下,我国经济结构仍存在产业结构不合理、地区发展不协调、城镇化水平低等突出矛盾。在产业结构方面,面对目前我国农业基础薄弱、工业素质不高、第三产业发展滞后的局面,我国产业结构调整的方针是:巩固和加强第一产业的基础地位,加速和提高第二产业,发展第三产业。这一方针将为创业者提供大量的发展机遇和广阔的发展空间。

第三产业是投资少、见效快的投资领域,十分适合青年人投资。一般来说,创办一个企业必须有地点、人员、设备和资金,即人、财、物三个起码的要素。就地点而言,第三产业一般不需要占用太多的场地,对场地的选择要求也不太苛刻。就人员而言,不要求过高的专业技术知识,这样的劳动力相对而言价格低廉,且极易找到。就物而言,第三产业的项目投资一般不大,有的仅需资金几百元。就收益而言,第三产业的投资项目一般具有灵活新颖等优势,通过充分发挥自身小而精的特点,根据人们的需求,灵活经营,加速资金的周转,自然获利也较大,创业成功的机会也比较多。

在大力发展第三产业方针的指导下,第三产业将蓬勃发展。为适应社会发展和产业结构调整的需要,就要有更多的人创办第三产业,为我国的改革发展注入新的活力。可以看出,迅速发展的社会不仅需要人们创业,呼唤人们创业,而且它也为创业者创造了前所未有的机遇和条件。

(四)知识经济时代需要大学生创业

目前,世界正处于知识经济时代,高新技术产业的迅猛发展为高科技人员的创业提供了广阔的市场。在这个时代,新的产业部门将取代传统的产业部门,新的资源与新的资源配置方式也将出现。一些社会新型阶层必将兴起,知识的拥有者、控制者将打破传统的货币资本与实物资本的控制者对社会权力的垄断地位,成为新时代社会结构的核心和中坚力量。与此同时,社会财富也必将被新的知识创新型阶层所控制。一些新的就业方式和财富增长方式也必将出现,知识就业者、信息就业者、网络就业者、数字就业者将大量涌现。通过知识的生产、交换获取社会财富将成为财富积累的主要方式。这就出现了新型的财富观,即不以拥有的货币量和实物量作为测算财富的主要指标,而是以知识拥有量、市场化水平及更新速度作为财富的主要指标,无形资产成为财富的主要表现形式,财富已经成为一个知识资本化的动态概念。随着知识的资本化,知识资本家和知识资本运营家将成为时代新宠,成为社会发展与控制的主导力量。

人类社会的不断发展与进步的过程,就是一个不断创新的过程。在以高新技术为支柱的知识经济时代,创新意识、创新精神、创新能力更是衡量新型人才的重要标志。大学生作为我国高素质国民群体之一,知识经济时代将为其提供更多的就业与创业机会。大学生要迎接知识经济的挑战,不仅要注重掌握学科前沿的最新知识,更要注重把自己培养成为创新人才。在知识经济时代,大学生通过科技创新在某一方面取得突破性的成果或者毕业后先进入某一行业就业,而后自己或与他人合作创办公司,在为自身创造就业机会的同时,也为社会和他人提供更多的就业机会。

总之,时代的发展,社会的进步,高科技的创新,经济制度的变革,孕育了一个需要创业的时代。大学生要适应时代的发展要求,响应社会变革的召唤。每一个希望实现自己价值、发挥自己才能的大学生都应在这样一个时代的大舞台上一显身手,创一番事业。

第二节 大学生创新创业必须具备的素质和能力

在创新创业过程中,人是第一要素,发挥着核心的作用。创新创业要求拥有强烈的创新创业精神、创新创业意识和良好的心理品质,这些都构成了创新创业必备的基本素质,也是开展创新创业实践活动所需要积蓄的能量。

一、创新创业应具备的素质

(一)创新素质

1. 创新意识

创新意识是指人们根据社会和个体生活发展的需要,引起创造前所未有的事物或观念的动机,并在创造活动中表现出的意向、愿望和设想。

创新意识是人类意识活动中的一种积极的、富有成果性的表现形式,是人们进行创造活动的出发点和内在动力,是创造性思维和创造力的前提。

创新意识包括创造兴趣、创造情感和创造意志。创造兴趣能促进创造活动的成功,是促使人们积极追求新奇事物的一种心理倾向;创造情感是引起、推进乃至完成创造的心理因素,具有正确的创造情感才能使创造成功;创造意志是在创造中克服困难、冲破阻碍的心理因素,创造意志具有目的性、顽强性和自制性。

创新意识与创造性思维不同,创新意识是引起创造性思维的前提和条件,创造性思维是创新意识的必然结果,二者之间具有密不可分的联系。

2.创新动机

动机是在需要的基础上产生的,需要作为人的积极性的重要源泉,是激发人们进行各种活动的内部动力。动机的产生除了机体的某种需要外,诱因的存在也是一个重要条件。

创新动机是指引起和维持主体创新活动的内部心理过程,是形成和推动创新行为的内驱力,是产生创新行为的前提。创新主体的创新动机不是单一的,而是多元的,这既与创新主体的价值取向有关,也与组织的文化背景、创新者的素质有关。

一般而言,创新动机的产生有赖于以下几点:

(1)创新心理需求

创新心理需求是创新主体对某种创新目标的渴求或欲望,是对个人成就、自我价值、社会责任、企业责任等的追求而产生的,同时也是在各种创新刺激的作用下产生的。

(2)成就感

成就感是成功者获得成功时为所取得的成就而产生的一种心理满足。许多创新主体进行创新的直接动机就是追求成就和成就感,创新工作取得了成功或者解决了难题,从中得到乐趣和心理满足。

(3)经济性动机

在现实的经济社会中,劳动依然是谋生的手段,创新主体首先要解决衣食住行等基本生存问题,因此不能排除创新主体因对收入报酬的追求和需要而产生创新的行动。

(4)责任心

创新主体在其工作范围内是一个责任人,要对其所做的工作负责。责任心包括社会责任心和企业责任心两种,这两种责任心会使创新主体在思想意识中产生一种使命意识,促使自己坚持不懈地努力,最终获得创新成功。

(5)勇气

创新仅有欲望、意识是不够的,还要有勇气。由于创新是一种怀疑、突破,也是一种挑战,结果可能成功,也可能失败。因此,要有充分的思想和心理准备,勇于承担因创新而带来的风险。

(二)创业素质

1.创业精神

创业精神是创业的核心与灵魂,为创业实践提供精神动力和支撑。创业精神的基础是创新,创业者通过创新,将资源有效地整合、利用,并创造出新的经济或社会价值,创业精神所关注的重点在于"是否创造新的价值"。

尽管通常意义上的创业是以新创企业或组织的方式进行,但创业精神不一定只存在于新创企业或组织之中。对于一些成熟的企业或组织,只要创业者具备求新、求变、求发展的心态,以创新的方式为企业或组织创造价值,就具备了创业精神。

创业精神代表的是一种以创新为基础的思维方式,是一种发掘机会、组织资源、创造新价值的过程。因此,创业精神并不仅仅停留在精神或心理层面,必须将创业观念与创业实践结合起来,才会产生结果,创造出新的经济或社会价值。创业精神具有创新性、综合性、整体性、时代性、动态性和持久性等方面的特征,是时代精神的反映,是对创新创业型人才素质的要求。对创业者而言,需要树立自信、自主、自立、自强的创业精神,这是进行创业活动的灵魂和支柱,是开创新生活、追求幸福明天的精神信念。创业者必须拥有创业精神,才会有创业的要求和动机,才会有创业的意识和观念,才会有创业的动力和行为,也才会有创业的成果和收获。

2. 创业意识

创业意识是指在创业活动中创业者的个性意识倾向,包括创业需要、动机、兴趣、理想和世界观等要素。

创业意识集中表现了创业者的素质,支配着创业者的态度和行为,规定着创业的方向,具有较强的选择性和能动性,是创业素质的重要组成部分,是人们从事创业活动强大的内在驱动力。

创业作为一种社会实践活动,是在一定意识和目的支配下进行的。创业意识包括资源意识、营销意识、管理意识、风险意识、形象意识和学习意识等几个方面。

（1）资源意识

创业需要各方面的资源,包括人力、财力、物力、信息等,这些都是构成创业活动的基石。创业者在创业过程中,需要将有限的资源进行整合,包括:信息的收集、筛选、使用;人员的招聘、任用;财力、物力的分配和使用等。这些都需要详细地统筹、规划,使之相互配合,发挥最大的功效。

（2）营销意识

营利是创业最基本也是最重要的目的之一,对于从事企业经营的创业者,非常重要的工作就是把生产的产品或服务推销出去,并尽快使市场和消费顾客群认可。因此,营销意识对于创业的成功非常重要。

（3）管理意识

创业者往往是企业或组织的拥有者或管理者,而企业或组织的经营、运作和成长不是仅凭借个人的力量就能够实现,需要树立管理意识,借助于组织、制度及文化等手段将创业资源有效地整合、配置,创造出产品或服务,满足市场或社会的需要。创业者必须将管理意识贯穿于创业活动的始终,充分调动和组织资源,以便成为成功的创业者。

（4）风险意识

创业是一种风险性很大的社会实践活动。许多创业者由于在创业初期没有做好创业的心理准备,无法应对风险和危机,结果导致创业失败。因此,创业者在树立拼搏进取精神的同时,也要树立风险意识。尤其是在有了一点成就之后,不能产生小富即安、贪图享受、不思进取的思想,甚至被胜利冲昏头脑,而失去了风险忧患意识。

（5）形象意识

创业是一个长期的过程,也是一个由小到大、由弱到强的过程。为了确保企业或组织能够得到长足的发展,在经济利益得到满足的情况下,要尽可能地创造社会利益,承担社会责任,这就需要创业者具备一定的形象意识。

（6）学习意识

从事任何工作,只有激情是不够的,还要学习。为了实现创业的梦想,需要创业者具有敢为天下先的精神,要勇于突破专业、职业、年龄、性别、环境等诸多条件的限制,以强烈的好奇心和求知欲,涉猎不同领域的知识,不断学习、不断进步,为成功创业奠定理论基础。

3.创业心理

创业之路总是充满着艰险与曲折,需要创业者具有非常强的心理调控能力,保持一种积极、沉稳、健康的心态。

创业心理是指对创业者在创业过程中的心理和行为起调节作用的个性心理特征。创业心理与个人固有的气质、性格有密切的关系,反映了创业者的意志、情感和品质。

成功创业在很大程度上取决于创业者的创业心理。心理学家研究发现,成功的创业者往往具有一些不同于常人的共同心理特征,如成就需求、风险承担和控制倾向等。

（1）成就需求

具有强烈成就需求的人渴望将事情做得更加完美,获得更大的成功,他们追求的是在争取成功的过程中克服困难、解决难题,享受努力奋斗的乐趣及成功之后的个人成就感。

（2）风险承担

风险承担是指个体或组织在对未来无法预知的情况下开展创业活动的意愿,或者说在多大程度上愿意承担风险和容忍不确定性,这是创业者在创业过程中表现出的重要行为特征。创业过程需要承担一定的风险,包括高负债、大量资源投入、新产品或新市场的开拓及新技术的使用等,承担风险也意味着把握机会。

（3）控制倾向

控制倾向是人们相信自己控制人的程度,是自信的一种表现,也是许多创业者共有的特性。控制倾向与成就需求相一致,创业者倾向于具有高度的控制欲望,他们是生活中对事件、他人具有影响力的个人。控制倾向低的人感到自己的命运由外部力量和宿命决定,控制倾向高的人依赖自我。因此,控制倾向高的人具有较强的创业精神,更有可能成为成功的创业者。

【知识拓展】

大学生创业避免三大雷区

雷区一:眼高手低。比尔·盖茨的神话,使 IT 业、高科技业成为大学生眼中的创业金矿,以至于不少学生不屑于从事服务业或技术含量较低的行业。其实,高科技创业项目往往需要大笔的启动资金,创业风险和压力都非常大。大学生如果对自身经验和能力认识不足,对创业的期望值又过高,开始时起点较高,很容易失败。

雷区二:纸上谈兵。缺乏经验是大学生创业中普遍存在的问题,不少大学生创业者不习惯对其产品或项目做市场调查,而是进行理想化的推断,结果导致创业失败。因此,大学生在创业初期一定要做好市场调研,在了解市场的基础上创业,才能长久。

雷区三:单打独斗。在强调团队合作的今天,创业者想靠单打独斗获得成功的概率正大大降低。团队精神已成为不可或缺的创业素质,风险投资商在投资时更看重有合作能力的创业团队。如今大学生一般都有个性,自信心较强,在创业中常常自以为是、刚愎自用,这些都影响了创业的成功率。因此,对打算创业的大学生来说,强强合作,取长补短,要比单枪匹马更容易积聚创业实力。

【案例阅读】

“90后”小女孩发明磁性剪纸一年掘金30万

提起剪纸,不少人脑海中都会浮现出灯下银剪如飞的华发老太的形象。但谁也没想到,这种传承着中华文化精粹的古老民间艺术,竟然会和一个年仅20多岁的女大学生联系在一起。1990年出生的晋城女孩王子月毕业于杭州师范大学医药卫生管理学院医药营销专业,之所以选择这所大学,是因为她所崇拜的“阿里巴巴”创始人马云就是从这里毕业的。另外一个原因是,杭州离义乌很近,能更方便地实现她的创业梦想。

王子月发明的磁性剪纸,不仅屡获金奖,还在其刚刚创业不到一年的时间里,掘得了高达30万元的人生第一桶金。

她向记者热情地介绍道:“磁性剪纸是个创意产业,任何东西都可以用剪纸表现出来。操作简单,任何人都可以轻松学会。而且成本低廉,便于使用和收藏,可以用作家居装饰、礼品赠送,有很大的市场前景。”

王子月告诉笔者,磁性剪纸是她在晋城一中上学时就发明的专利产品,它使用的是环保材料,可以循环利用再生产。只要有铁的地方都能直接吸上去,用水及清洁剂喷在背面还可以轻易地粘在玻璃等光滑物体上,灵巧便携。因为不容易剪断、撕破,它比普通剪纸上手快,能让人们在10分钟内就体验到剪纸的乐趣。磁性剪纸解决了长期以来传统剪纸容易掉色、变色及收藏不方便等问题。

纯属偶然的专利发明。提起磁性剪纸的发明过程,王子月笑着说:“纯属偶然。”一次帮亲人装扮婚车时,王子月感觉这么漂亮的剪纸用起来却很不方便。于是,她就和父亲商量,能不能找到一个既不破坏剪纸的艺术效果,又能易于收藏使用的好办法。父女二人很快投入到发明中。经过各种反复选择试验,王子月终于找到了一种特殊的磁性材料来代替传统的剪纸材料。

二、创新创业应具备的能力

（一）创新能力

1.创新能力的含义及特征

创新能力是指运用知识和理论,在各种实践活动中不断提供具有经济价值、社会价值、生态价值的新思想、新理论、新方法和新发明的能力。

创新能力有三个基本特征:其一,创新能力是有特定功能的生产力,创新能力的主要功能就是使作为生产力的主体和创造发明主体的劳动者想出新方法、制造新产品、创立新理论;其二,创新能力是人人皆有的一种能力,创造性思维能力及直觉、灵感等能力都来自人脑细胞,无论创新主体是个体还是群体,无论学历、知识和智商高低,都可以有所创新;其三,创新能力对于不同的人有强弱之分,由于遗传因素的影响,人的潜能素质存在个体差异,尤其由于后天因素的影响,不同的人其创新能力的强弱也有所不同。

2.创新能力的构成

创新能力是人类大脑思维功能和社会实践能力的综合体现,也是人们进行创造性活动的心智能力与个性素质的总和。创新能力不仅与人们掌握的知识有关,还与人们的智力因素和非智力因素有关。其中,智力因素包含观察力、记忆力、想象力、直觉力、逻辑思维力、辩证思维力、选择力、操作力、表达力等;非智力因素主要包含创造欲、求知欲、好奇心、进取心、自信心、意志力等。

【阅读延伸】

袁隆平发明杂交水稻

——逆向思维,挑战经典理论

袁隆平是湖南杂交水稻研究中心研究员、中国工程院院士,是世界上第一个成功利用水稻杂交优势的人,被称为"杂交水稻之父"。在当今的中国,有一半的水稻种植面积和60%的水稻产量源自袁隆平和他的助手培育出来的杂交水稻品种。无疑,袁隆平的发明是一个极大的创新,而这个创新源于他的逆向思维和对经典理论的挑战。

在过去,遗传学有一个经典理论:自花授粉的植物没有杂交优势。由于水稻是雌雄同花的作物,按照这个理论,水稻当然也就没有杂交优势。

1960年,袁隆平在实验田里发现了一个形态特异的水稻植株。这株水稻有十多个穗头,每个穗头有一百六十多粒。他如获至宝,认为可能是发现了一种优良水稻品种,收割时便把它留作稻种。第二年播种到试验田里,不料长出的第二代却平平常常,毫无特色,显然第二代已经分离退化了。正当他沮丧地想离开试验田时,摩尔根、孟德尔遗传理论中的一个著名论断掠过脑际:从遗传学的观点看,纯种水稻品种的第二代是不会有分离退化现象的,只有杂交第二代才会出现分离现象。那么,去年发现的这株水稻可能是"天然杂交水稻"。

"天然杂交水稻",这个崭新的概念一下子使袁隆平振奋起来:"天然杂交水稻"长势这么好,说明水稻也存在明显的杂交优势现象;既然自然界存在"天然杂交水稻",只要探索出其中的规律,就一定能够培育出人工杂交水稻,在冲破了传统理论的束缚和建立了自己的崭新理念之后,袁隆平把精力转移到培育人工杂交水稻这一新课题上来。

水稻是雌雄同花的作物,同一朵花上有雌蕊和雄蕊,一朵花只结一粒种子。如果用人工去杂交,就得一朵花一朵花地进行,产生的种子数量极为有限,不可能用于生产。那么,另一条路就是培育出一种雄花不育的"母稻",即雄花不育系,然后用其他水稻品种的花粉授粉杂交,产生出用于生产的杂交种子。这种方法在国内外没有先例,袁隆平这位当时只是湖南安江农校的教师却踏上了一条前人没有走过的路。

要解决这个问题,就要找到水稻天然雄性不育株,以作为培育不育系的试验材料。然而,这种不育株袁隆平从来没有见过,国内外的资料上也没有记载。他只得迈开双脚,走进茫茫的水稻王国,一垄垄、一行行地寻找,用放大镜一穗一穗地观察。在 1964 年、1965 年这两年的 6 月下旬水稻扬花的季节里,先后从 14 000 多个稻穗中找到了 6 株雄性不育的植株。经过精心培育,得到了第一代雄性不育的种子。

在以后的六年中,他和助手们又用了 1 000 多个品种,做了 3 000 多个杂交组合试验。因为用的都是栽培稻品种,亲缘关系比较接近,其结果都不够理想。于是,他又深入海南寻找雄花不育的天然野芦稻,采用远缘的野生稻品种与栽培稻进行杂交,终于获得成功。

袁隆平的创新之路具有典型性。首先,他的创新起源于他不迷信于传统的经典理论,并根据自己的实践敢于向传统经典挑战。如果他束缚于"自花授粉的植物没有杂交优势"的理论,就不可能有自己的创新。其次,他十分注意掌握和运用科学理论,如果没有摩尔根等"纯种水稻品种的第二代不会有分离现象"及"远缘杂交更具有优势"等理论的支撑,他也不可能突破一个个难题。最后,就是他的坚忍不拔和吃苦耐劳精神。如果不能在烈日下细致耐心检查 14 000 多个稻穗,如果不能在 2 000 多个日日夜夜培育了 3 000 多个杂交组合失败之后仍能另辟蹊径,那也不会有袁隆平的成功。所以,创新的实现是多种因素的组合,是综合素质的体现。

(二)创业能力

1.创业能力的内涵

创业能力是一种具有较高综合性的能力。创业者具备或不断提高创业能力,才能在创业中取得成功。通常说,创业能力的内涵主要包括以下几个方面:

①创业能力可以概括为能够影响创业实践活动效率,促使创业活动顺利进行,并能够创立和发展一项或多项事业的主体心理条件。

②创业能力与人的某些先天性格、气质有关,但主要来自后天的学习、锻炼,特别是要靠教育和培养来获得。

③创业能力是具有较强综合性和创造性的心理机能,也是知识、经验、技能经过类比、概括而形成,并在创业的实践中表现出来的复杂而协调的行动活动。

2. 创业能力的类型

创业能力是一种特殊的能力,影响着创业活动的效率,决定着创业的成败。

创业能力一般包括领导决策能力、经营管理能力、专业技术能力、抵御风险能力和创新创造能力等。

(1)领导决策能力

领导决策能力是创业者根据主客观条件,确定创业的发展方向、目标、战略及具体选择实施方案的能力。创业者既是领导者,也是决策者,创业者的领导决策能力在创业实践中发挥着重要的作用。

正确的领导决策是保证创业活动顺利进行的前提,尤其是有关创业机会的识别和选择、创业团队的组建、创业资金的融通、发展战略的制订及运作模式的设计等重大决策,直接关系着对创业全局的驾驭和创业的成败。

(2)经营管理能力

经营管理能力是对企业经营活动组织、管理及运营的能力。它涉及企业中人、财、物、信息等各项资源,以及对这些资源的计划、组织、指挥、协调和控制的能力。

经营管理能力是一种较高层次的综合能力,是一种运筹性能力,是解决企业生存问题的第一要素。开展创业实践活动,出色的经营管理能力是创业者必备的能力之一。经营管理能力的形成要从会经营、懂管理、善用人、精理财和讲诚信等几个方面去努力。

(3)专业技术能力

专业技术能力是创业者掌握和运用专业知识、组织产品生产或提供服务的能力。专业技术能力的形成具有很强的实践性,许多专业知识和专业技能需要在实践中摸索、提高,并逐步发展和完善。

创业者要重视创业过程中对专业技术知识的积累和技能的训练,加深对专业理论知识的理解,同时在实践中注意记录、分析、总结和归纳,形成有特色的创业经验,不断提高专业技术能力。

实践能力,需要在实践中学习、掌握,并有效运用。

创业过程中,应妥善处理好各种社会关系,团结一切可以团结的人,团结一切可以团结的力量,求同存异、共同发展,做到不失原则、灵活有度,善于巧妙地将原则性和灵活性结合起来。

(4)抵御风险能力

创业意味着风险,是对创业者心理素质的全面考验。在创业中,需要创业者有充分的心理准备来面对创业风险,抵御创业风险。创业者要确保企业或组织的运营机制、管理模式、制度文化等基本要素与发展目标保持一致,并且能够与时俱进。要紧贴政策导向,在合情、合理、合法的范围内,使得企业或组织在健康的社会环境中得以良性运转。

(5)创新创造能力

创新是知识经济的主旋律,是创业者化解外界风险和获取竞争优势的有效途径。创新创造能力包括两方面的含义:一是创造性思维的能力;二是创新实践的能力。

创新创造能力是一种综合能力,与人们的知识、技能、经验、心态等有着密切的关系。具有广博的知识、扎实的专业理论、熟练的专业技能、丰富的实践经验、良好的心态的人容易形成创新创造能力,这取决于创新意识、智力、创造性思维和创造性想象等。

三、创新创业素质和能力的培养途径

(一)创新素质和能力的培养途径

创新素质和创新能力的培养途径是多方面的,但最根本的就是创新教育和创新实践。借助于创新教育和创新实践,可以培养大学生的创新意识、创新思维,发展大学生的创新个性,使大学生在牢固、系统地掌握学科知识的同时提高创新能力。大学生创新素质和能力的培养途径主要表现在以下几个方面:

1.培养主体意识和心理品质

主体意识和心理品质是培养大学生创新素质和创新能力的基础。在实施创新教育和创新实践过程中,要充分发挥大学生的主体作用,唤起主体意识,培养主动精神。大学生在学习和实践过程中,要学会勤奋、耐心、诚实和严谨,能够独立思考、善于合作、尊重科学;要敢于质疑、冲破束缚;要对所学的学科产生好奇心和求知欲,在不懈的追求中形成良好的心理品质。

2.激发创新欲望和创造热情

创新欲望和创造热情是培养大学生创新素质和创新能力的动力。在学习和实践过程中,要善于敏锐地发现问题、大胆地设想问题;要用异样的眼光去看待这个世界,对同一个问题,从不同的方向探索,提出超乎寻常的见解和处理问题的方法。只有这样才可以冲破思维定式,摆脱习惯认识,闪烁出创新的火花。

3.优化知识结构和创新思维

知识结构和创新思维是创新素质和创新能力的源泉。创新力和创造力来源于扎实的基础知识和创新思维方式,仅仅掌握单一的专业知识和思维方式是不够的。因此,在学习和实践过程中,要依据自身特点和社会需求,建立一个合理的知识结构和科学的思维方法,在基础知识和专业知识的基础上,学习一些提高创造力的课程,参加一些创造性思维训练,掌握一些创造性思维技法。通过学习积累和实践磨炼,学生的创新能力和水平会有显著的提高。

4.重视实践训练和动手操作

实践训练和动手操作是把构想变为现实必不可少的途径。实践训练和动手操作不仅是验证和运用知识的过程,也是发展知识、提高认识的过程,通过有效的实践活动,可以弥补课堂教学的不足。因此,大学生要认真参加各种实验课程训练,最大限度地参与实践操作,积累丰富的感性材料,建立正确清晰的表象,从中受到启发,产生联想和灵感。大学生实践活动中要充分展示自己的动手能力,发表自己的独特见解,展现自身的创新才能,体现创新的乐趣。

5.参加社会实践和第二课堂

社会实践和第二课堂是培养创新素质和创新能力的重要舞台。社会实践活动和第二课堂活动是在开放的环境下进行的,大学生是活动的主体。参加社会实践活动和第二课堂活动,可以使自身具备的各种基本素质和潜能得到发挥,合作意识和组织能力得以加强。通过参加各种科技活动、学术讲座、学术沙龙、科技报告会及创新活动大赛等,能够激发创新意识,产生创新动机,表现创造行动。

(二)创业素质和能力的培养途径

创业教育和创业实践活动是培养创业者素质和创业能力的有效途径。通过创业教育可以使大学生具备创业的基本知识、基本技能和心理品质,通过创业实践活动可以培养大学生敢于创新、勇于创业的精神,使其具有较强的适应能力与开拓能力,能够在复杂的环境下寻求职业发展机会。大学生创业素质与创业能力的培养途径主要有以下四个方面:

1.积累丰富的文化知识

文化知识是培养大学生创业素质与创业能力的基础。任何素质和能力的形成和提高都是在掌握和运用知识的过程中完成的,创业素质与创业能力也不例外。大学生要充分利用各种学习的机会,了解、掌握必要的文化知识,要学会将学习、思考、实践结合起来,经过自己的消化、吸收转化为运用文化知识的手段和本领,进而为创业素质与创业能力的形成和提高打下坚实的基础。

2.树立牢固的专业意识

专业意识是培养大学生创业素质与创业能力的前提。大学生创业通常从创立小企业起步,小企业要在现代社会中得以生存,必须要有专门的技术产品或服务项目。因此,大学生创业者一定要加强专业意识的培养,要精通与创业相关的专门知识和技能,并根据需要不断吸收新技术、新知识。

3.培养强烈的社会意识

社会意识是培养大学生创业素质与创业能力的保障。良好的社会意识包括与人协调合作、团队工作的意识和强烈的社会责任感及竞争意识、环境意识、质量意识、品牌意识、安全意识等。这是提高大学生创业素质与创业能力极其重要的保障。

4.参加各类实践活动

实践活动是培养大学生创业素质与创业能力的途径。大学生参加社会实践活动,可以使自身具备的各种基本素质和潜能得到发挥,领导能力、组织能力和合作意识得到加强。大学生应根据自身和专业的特点,积极参加各种社会实践活动,在确立目标、制订计划、选择方法、执行决定和开始行动的整个实践活动中,提高创业素质与创业能力。

【知识拓展】

网上盛传的创业的"八大理由"

理由一:"创业"是一种时髦

"创业"这个词时兴起来已经有好一阵了。那时候,甭管是行业精英,还是街头市井,嘴边都时不时地吐出这两个字来,似乎有了创业,一切就会有了改变,没钱的会变得有钱,没机遇的会变得好运连连。

理由二:偶像崇拜

在过去,大学生是一群号称有知识、有能力的"时代宝贝",国家给着金饭碗,不愁将来会有混不出头的日子。但是时过境迁,年年扩招,昔日的"宝贝们"也不得不开始为了生计而忙碌奔波。终于,有那么一群有胆有识、手中有着几把刷子的人开始折腾起了自己的事业,有的人还真是干出了名堂,风风光光地搞起了公司,当上了老板。昔日的穷学生如今也变得汽车、洋房样样都不少。有了这样的优秀榜样,现在的那些思路更超前的新大学生怎么会甘为人后呢?

理由三:这是一个讲"经济"的社会

大学毕了业,在清汤素菜中熬了十几年的学子们都指望着能立刻拿上丰厚的月薪,过上富足的小康生活。那些唾手可得的工作机会,可以想象是不会有多少能够满足其心愿的。与其拿着那一点钞票惨淡生活,倒不如豁出去拼了,这样也许还能够早日跨入"富人阶层"的门槛。

理由四:做自己的老板

毕业去工作,到哪里都是个打工的。要是受不惯为别人打工的滋味,再加上自己不是一个逆来顺受的主儿,没准哪天也许就会炒了老板的鱿鱼,自己去"天高任鸟飞"了。现在的大学生通常都心比天高、个性十足,聪明的人知道自己受不惯别人的颐指气使,当然是要去自己创业,做自己的老板。

理由五:证明自己的最好途径

源于这条理由而走上自主创业道路的人通常都是名牌学校热门专业的自信之人,比如MBA毕业生,因为自身的实力强劲,他们已经不需要在与其他人的无谓竞争中证明自己的实力,他们的对手只有自己。既然为人打工也能拿着让人眼红的高薪,那么他们为什么不自己去赢得一切呢？

理由六：别无选择的路

选择这条理由的通常是不知名大学的冷门专业的学生。他们没有学校优势，也没有专业优势，在现今的社会立足不是易事。在不好找工作的尴尬中，创业也许就成了他们唯一的出路。

理由七：仅仅是一种乐趣

选择自主创业只因为这类人的心气极高，他们拥有着别人所不具备的豪气与魄力。平凡的生活道路他们是不会选择的，即便是失败，他们也要败得轰轰烈烈，败得像个人样。他们崇尚个人能力，英雄主义气息太重。

理由八：有点眼红

相比于前面的七种理由，这种理由最要不得。前面的理由还都有可取之处，但是这一条则完全是胡闹了。看别人风风光光，自己便没了主心骨，也想学人家样子，混出点名堂。实际上自己要能力没能力，要胆识没胆识，这样的举动十有八九会失败。

第三节　创新思维培养

一、如何培养创新思维

（一）克服思维定式，摆脱从众心理

思维定式是一种广泛存在的现象，是指人们在学习过程中形成的一种习惯的思维倾向，它使人往往按比较固定的思路去考虑问题、解决问题。思维定式的形成是一个长期的过程，它具有极强的惯性、顽固性，不容易克服。它也有积极的一面，使我们学习与旧知识类似的新知识时，容易理解并能迅速地掌握；对解决一般性、常规性的问题具有积极作用。但是，它对超常规性问题、对那些需要运用新的思路和办法创造性地加以解决的问题，则是一种障碍。它使人们因循守旧、墨守成规，限制了人们的创造性思考。在现代社会中，要想创造卓越的成就，就必须从培养良好的思维方式、突破固有的思维模式，也就是突破思维障碍来实现创新。

从众心理是一个人在社会中受到某个群体的影响而放弃自己的意见，转变自己原有的态度，表现出符合大多数人的行为现象。通常情况下，大多数人的意见往往是对的，少数服从多数，这也是原则性问题。但是，在创新活动中缺乏分析、不作独立思考、不由自主地赞同或屈从于某个群体的意志，则是不可取的，因为在无形中使自己的思路沿着他人的轨道运行，继而限制了自己的思路，减少了"新意"产生的机会，这是一种消极的盲目从众心理。只

有敢于不"随大流"、敢于独立思考、标新立异,才能形成和创新思维。

（二）打破权威枷锁,树立质疑意识

有人群的地方就有权威,人类的社会活动需要权威。人们对权威普遍怀有尊崇之情,甚至演变为神化和迷信。不少人习惯于引证权威观点,不假思索地以权威的是非为是非。殊不知,从社会发展来看,任何权威都是一时的,而非永久的。所以,我们应该尊重权威,但又不能迷信权威,受权威枷锁束缚。

创新思维的培养需要树立创新质疑思想。大胆质疑、勇于质疑、有所创造是创新人才的优秀品质。要敢问、勤问、善问,要敢于对自己看到的现象,特别是对新奇的事物提出问题,古人云,"学起于思,思源于疑",说明质疑的重要性。科学发明与创新正是从质疑开始、从解疑入手的。我们应该具有"大疑则大悟,小疑则小悟,不疑则不悟"的思想。当然,我们讲的质疑是指理智的怀疑,不是钻牛角尖,甚至否定一切。要在质疑中提出自己的独特看法。

（三）激发钻研兴趣,积累知识和经验

兴趣是人的一种带有趋向性的心理特征,它是人们从事创新活动的驱动力。有兴趣才有激情,才会主动地、积极地、兴致勃勃、全神贯注、废寝忘食地去研究、探索。现代科学研究证实,几乎90%的人脑细胞都具有情商效能。只有心情愉快时,创造性思维才最活跃。

兴趣源于好奇心。好奇心是点燃激情的火种,是人们创新的起点和动机。强烈的好奇心能够引发人们对新奇的事物和现象的高度关注。如果不是好奇心的驱使,牛顿怎么能够从常人熟视无睹的苹果落地现象中发现地球的万有引力,从而奠定了物理科学的基础? 俗话说,"好奇心是最好的老师","科学是满足科学家好奇心的产物"。

创新思维的培养需要积累知识和经验。创新思维的过程实际上是对已有信息进行再加工的过程,知识和经验是创新思维产生的基础,同时也决定创新思维的水平和质量。知识和经验越丰富,观察问题越敏锐,越容易开辟创新思维活动的新领域;知识和经验的层次越高,创新思维的水平和层次也就越高。同时,丰富的知识和经验有益于激发创新思维。创新思维有赖于各种知识和经验的积累,是多方面知识和经验的相互交汇、渗透、综合而产生的。人们的知识和经验越丰富广博,视野就越宽广、越深入。因此,积累知识、总结经验有益于创新思维的培养,大学生应加强学习、开阔视野、总结经验,不断激发创新。

二、如何训练创新思维

著名教育学家陶行知说过:"处处是创造之地,天天是创造之时,人人是创造之人。"当代大学生应该通过各种途径勇于培养自我的创新能力。为此,大学生必须树立创新意识,掌握创新方法,培养创新精神,逐步提高创新能力。根据我国建设创新型国家的战略部署并结合自身的大学实践经历,笔者提出以下几个大学生主动培养创新能力的途径。

（一）勤于实验观察,树立创新意识

目前,我国的大学生学习生涯中,都安排有一定的实验课程。理工科的学生要做物理、化学以及专业基础课的实验;文科学生安排有各种调研实验;体育、艺术学科的学生安排有一定的设计制作或训练实验。大学生应该积极地进行这些实验,努力发现并保护自己的好奇心,激发求知欲,培养创新意识。

好奇心是人们对新鲜奇异事物以及纷繁复杂的大千世界进行探究的一种心理倾向,是推动我们主动积极地去观察生活、观察社会,展开创新性思维的内在动因。观察是有目的、有计划的一种思维知觉,是知觉的高级形式,实验操作是锻炼大学生观察能力、培养创新意识的最重要途径。从实验目的的角度讲,实验一般可分为验证性实验和探索性实验两种。对于验证性实验,我们应该注重实验操作步骤的合理性和规范性,培养自己严谨的实验态度和作风;而对于探索性实验,我们应该灵活运用所学的科学知识,对实验过程进行全方位的想象,对多种因素进行取舍,对所得信息进行筛选,有全局观点并善于应变。

（二）努力学习课程知识,掌握创新思维方法

研究表明,人的创新能力来源于创新思维,而创新思维是建立在合理的知识结构之上的。因此,培养创新能力,必须从构建良好的知识结构开始。没有扎实的知识基础,创新就成了无源之水、无本之木。扎实学好基础课程知识是我们大学生培养创新力的基础。通过学习获得的知识和经验越丰富、越扎实,我们就越能观察和发现问题,就越能开阔视野,思路越宽广,越易于产生灵感,找出解决问题的办法。因此,要创新就必须打好学习基础。大学课程的学习包括高等数学、大学英语、大学物理等基础课程、专业课程以及公共选修课程等三个方面。对于基础课程的学习要全面系统,扎实掌握基本的内容及原理,这是以后学习的基础;而对于专业课程的学习,在扎实掌握课堂知识的前提下,我们应该理论联系实际,了解行业的发展趋势,勇于发现、思考并解决问题;对于公共选修课程的学习,我们应该根据自己的兴趣以及大学学习规划广泛地展开学习,要敢于跳出主要的专业学科领域,在力所能及的情况下可以参与学习校内或校际开设的辅修或者第二学位课程。

（三）积极参与科研项目,锻炼创新技能

在当今的教育模式下,大学生日常的学习和实践基本上都是验证性的活动,而选择研究课题并参与相关的科研活动,可以使自己在整个科研活动中发现问题并采用有效的方法和途径解决问题。参与科研实践项目,可以培养我们的信息加工能力、动手操作能力、创新技术的运用能力、创新成果的表现能力及物化能力等创新技能,进而提高创新能力。

（四）善始善终参加各种竞赛,培养创新精神

创新不但需要付出艰苦的思想劳作,更是一种探索、一种尝试,是一种"闯"和"试"。要提高创新能力,我们应该培养坚忍不拔、善始善终的创新精神。积极参加一些竞赛活动,可以激发我们的学习兴趣以及创新潜力,培养迎难而上、开拓进取的创新精神。

第四节　大学生创业所面临的问题及分析

一、大学生创业所面临的问题

就大学生而言,由于其年龄、阅历与知识等方面的原因,在创业过程中面临着心态、知识、经验、技术与资金等方面的问题。

(一)心态问题

拥有良好的心态,尤其是对创业风险具有清醒的认识,并充分拥有应对风险的心理准备,是创业成功的必要条件。由于大学生受年龄及阅历等方面的限制,缺乏对创业风险清醒的认识,以及应对可能遭遇的风险的必要准备。在缺乏良好心态的情况下,创业前景也会受到不利的影响。

(二)知识限制

创业需要企业注册、管理、市场营销与资金融通等多方面的丰富知识,在缺乏相应知识储备的情况下,仓促创业不仅难以融到必需的资金,而且在残酷的市场竞争中也将处于劣势。

(三)经验限制

受年龄及相应学识的限制,大学生很难拥有关于创业的直接经验与间接经验,创业知识一般也限于"纸上谈兵",在这种情况下,大学生创业及在公司运营中肯定会遇到各种不可预见的问题,以致创业困难。

(四)技术限制

受学识的限制,拥有可创业技术的理工类大学生可能只是少数。而对于那些文科类大学生来讲,很难拥有可以创业的技术。技术的缺乏直接限制了大学生创业,在激烈的市场竞争中,大学生创业将遭遇较多的困难。

(五)资金问题

由于大学生很难有足够的创业资金,从社会上融资或获取无息及贴息贷款是必然选择。大学生在获取资金方面存在两种问题:一是急于获得资金而不惜贱卖技术;二是过于珍惜技术而不肯做出适当的让步。这些问题都决定了大学生在资金方面难以获得相应的资助。

（六）大学生创业还受到家庭和其他因素的制约和影响

许多大学生的父母更希望子女尽快找个相对稳定的、能够给家庭提供物质帮助的工作岗位，而不希望他们去冒太大的风险走创业的道路。

二、影响大学生创业的因素

（一）个人能力与素质

创业是一项非常具有挑战性的社会活动。强烈的个体性色彩十分强调创业者本身的个人素质和能力。大学毕业生要在社会竞争中站稳脚跟，靠的只能是实力。没有实力，其他一切都是空谈。只有创业的美丽梦想，没有足够的创业实力，创业永远不可能成为现实。而当大学毕业生的创业实力达到一定程度时，他会排除其他因素的影响，坚定地走创业之路。因此可以说，个人的能力与素质在创业选择中起决定作用，其他因素都是外因。

（二）个人的性格、气质、个性、爱好和特长

性格、爱好、特长与创业项目的结合，会为创业的成功增加重要的砝码。比尔·盖茨、杨致远他们所进行的创业项目，正是他们的爱好和特长，他们对其有着无比浓厚的兴趣；在某种意义上讲，是兴趣引领他们开始了创业的脚步，他们在创业最初绝对没有想到未来是如此的灿烂。

（三）家庭因素

父母的价值观对大学毕业生的创业选择产生影响。如果父母鼓励孩子不要担心失败、大胆尝试、勇于开拓，大学生在选择创业时就会持更积极、乐观的态度；如果父母担心孩子吃苦受累，希望他们找一个安稳的工作，一步步发展，那么，大学毕业生就会在选择创业时更为谨慎。家庭的现实状况对大学生的创业选择产生影响。如果家庭的经济条件较好，父母有着较高、较稳定的收入，眼前也不需要孩子给予照顾，甚至可以给孩子的创业提供某些支持，那么，大学毕业生在选择创业时，就会更自主，敢于冒更大的风险；反之，如果家庭条件不太好，父母需要孩子及时地给予照顾，那么大学毕业生就会害怕创业失败。听取父母的意见，考虑家庭的情况，这就是大学毕业生选择创业时必经的一环。事实上，家庭条件、父母的意见对大学生的选择影响并不小，我国多数大学生，即使已经进入硕士、博士学历学习阶段，仍然没有从经济上及心理上摆脱对父母的依赖。

（四）学校因素

学校对大学毕业生创业的影响分为直接和间接两方面。直接的影响来自学校针对大学生创业推出的政策和各种教学、训练活动。间接的影响是指学校所有教育活动，尤其是以创新为主题的教育教学改革对学生创业的潜移默化。近年来，各高校已经注意到学校教育对

学生创业的影响,并采取了相应的措施。

(五)社会因素

影响大学生创业选择的社会因素有两方面:一是社会为大学生提供的创业硬件、软件环境;二是大学生创业的社会舆论。"硬"的社会环境主要是指风险投资机构对大学生创业项目的关注和扶持;"软"的社会环境是指与大学生创业相关的政策环境、法律环境、商业环境。除此之外,从众是人的正常心理反应,在年轻人中表现严重。年轻的大学毕业生往往把周围同学和朋友的观念、选择作为自己行动的有力参照,加以实践和效仿。因此,第一代大学毕业生的创业路走得如何,对后来人的创业选择有着十分重要的影响。

以上五方面因素,相互作用,对大学毕业生创业产生影响。当前,对于大学毕业生创业,各方面的条件和环境还在逐步完善中。随着时间的推移,参与创业的毕业生将越来越多,创业定将成为大学生心中的一种成才模式、成才理念。

三、大学生创业的优劣势分析

只有深刻认识自己的优点和缺点后,才能在扬长避短的基础上对创业准确定位。

(一)大学生创业的优势

①具有较高的文化水平,对事物领悟力强,有些东西一点即通。
②自主学习知识的能力强。
③接受新鲜事物快,甚至是引领潮流者。
④思维普遍活跃,敢想敢干。
⑤运用 IT 技术能力强,能够在互联网上搜寻到许多信息。
⑥自信心较足,对认准的事情有激情去做。
⑦年纪轻,精力旺盛,故有"年轻是最大的资本"之说。
⑧没有成家的大学生暂无家庭负担,其创业很可能获得家庭或家族的支持。

(二)大学生创业的劣势

①缺乏社会经验和职业经历,尤其缺乏人际关系和商业网络。
②缺乏真正具有商业前景的创业项目,许多创业点子经不起市场的考验。
③缺乏商业信用,在校大学生信用档案与社会没有接轨,导致融资借贷困难重重。
④喜欢纸上谈兵,创业设想大而空,市场预测普遍过于乐观。
⑤眼高手低,好高骛远,看不起蝇头小利,往往大谈"第一桶金",不谈赚"每一分钱"。
⑥独立人格没有完全形成,缺乏对社会和个人的责任感,甚至毕业后有继续依赖父母过日子的想法。
⑦心理承受能力差,遇到挫折就放弃。有的学生在前期听到创业艰难,没有尝试就轻易放弃了。

⑧整个社会文化和商业交往中往往不信任年轻人,很不利于年轻人的创业。

以上是从统计面上来分析大学生创业的优缺点,实际上每个大学生的情况是千差万别的,还需要个性化地认识自己。

大学生可针对自己的情况,发挥优势、弥补劣势、克服威胁、规避风险、抓住机会、迎接挑战,使自己的创业计划更为实际可行,多一分胜算。

【任务驱动】

1. 什么是创业?

2. 在校大学生开展创业教育的意义是什么?

3. 大学生创业有哪些误区?

4. 你觉得自己在创业方面有哪些能力优势? 还有哪些能力缺陷?

5. 选择你最想了解的 1~2 位创业者和 1~2 家企业,可以是你心目中的典范或仰慕的榜样,也可以是你所知甚少但非常想了解的,撰写一篇访问的专题报告。其内容包括:访谈时间、地点、被访问者姓名、年龄、性别、创业的动机、经历、如何发现商机、成功的关键因素、如何找寻合伙人,重点是创业者的经验、体会、教训等。

第八章　大学生创业指导

在李克强总理提出的"大众创业，万众创新"的倡导下，大学生创新创业已成为时代鲜明的特征和大学生实现自我价值的必然选择。为了鼓励和支持大学生创业，我国陆续出台了一系列扶植大学生创业的政策法规，使得大学生创业环境不断改善，涌现了一大批成功的大学生创业者，并引发越来越多的大学生走向创业之路。然而，随着社会的不断变化，市场纷繁复杂，大学生自身缺乏经验，需要在创新创业的理念和具体实务上给予指导。

【教学目标】

1. 理解大学生创业方向选择的重要性；
2. 了解大学生创业项目的实施与基本流程；
3. 掌握创业计划书的编写步骤；
4. 了解创业过程中的具体实务操作。

【案例导入】

风靡全国，中国最成功的桌游《三国杀》，其创始人黄恺正是一位标准的大学生创业者。黄恺2004年考上中国传媒大学动画学院游戏设计专业，他在大学时期就开始"不务正业"，模仿国外桌游设计出了具有中国特色，符合国人娱乐风格的桌游《三国杀》。2006年10月，大二的黄恺开始在淘宝网上贩卖《三国杀》，没想到大受欢迎，而毕业后的黄恺并没有任何找工作的打算，而是借了5万元注册了一家公司，开始做起《三国杀》的生意，2009年6月底《三国杀》成为中国被移植至网游平台的一款桌上游戏，2010年《三国杀》正版桌游售出200多万套。

粗略估计，《三国杀》迄今至少给黄恺带来了几千万的收益，并且随着《三国杀》品牌的发展，收益还将会继续增加。

【知识引导】

第一节　创业方向的选择

对大多数人而言,创业是一件极具诱惑的事情,同时也是一件极具挑战的事。创业不是人人都能成功,也并非想象中那么困难。任何一个梦想成功的人,倘若他知道创业需要策划、技术及创意,那么成功已离他不远了。

一、建立创业梦想

大学生完成学业并就业后,如果是在已有的岗位上施展自己的才华,以求生存和发展,工作中通常只需要考虑如何履行好本岗位的职责,而不需要考虑企业人、财、物的管理,除非你通过努力达到了一定职位。而创业则完全从零开始,从设立企业的可行性研究分析到筹备、运作,都必须按照自己的意志和实际能力去设计和把握事业发展的进程。这就需要创业者有远见卓识、超人的智慧及挑战风险的勇气,并能把握自己的实际资本。此外,还需要创业者不断了解市场的竞争态势,及时调整对策,力求将风险转化为机遇。

为了获取经验,大学毕业生应该树立起"先就业,后择业,再创业"的新意识,走一条面对现实,降低起点,先融入社会再寻求发展的道路。"先就业,后择业,再创业"就是指大学生毕业时,只要有条件基本合适的单位接纳,就应该采取先工作的方式,实现就业。工作一段时间后,如果认为工作不合适,可以重新选择就业。有了一段就业和择业的工作经历,自己各方面的能力都有所提高,当主客观条件都具备后,可以考虑走创业这条路。

(一)进入欲创业的行业了解现状

当你确立了创业志向后,不一定能立即实现,除了创造必需的条件外,还必须在思想上做好准备。

要有创业的坚定信念。一个人的信念具有不可思议的力量。缺乏坚定的信念可能会使人裹足不前。

要树立终身创业的意识。创业就是激励自己,开发自己最大的潜能,发现和挖掘通往成功的潜在时机。创业就是创造,创造新的就业岗位,创造新的成功机遇,创造新的富于挑战的人生。只有立志不断创造,才能提高创业成功的概率。

勇敢地走向市场,走向竞争。在瞬息万变的社会里,只有适者才能生存。因此,为了达到上述目的,必须一步一步地进行心理激励并重新认识自我。有了创业的志向,但主客观条件不具备时,可以先就业。即使从事的工作与创业的志向不一致,也必须为解决基本生活问题先稳定下来。当基本生活有了保障,并对现有工作不满意而再择业时,应进入欲创业的行业。目的是观察、了解和熟悉该行业。因为熟悉特定的行业是创业成功的基础。仔细观察各行各业,赚钱的关键只在"熟悉"二字。对一个行业熟悉到一定的程度,研究它的规律,具备比较成熟的业务关系和一定量的资金,就可以自己创业了。

由此可见,创业成功者的秘诀就是对行业的熟悉再加上勤奋和自信心。所以不要担心自己不如别人聪明能干,因为多数人的智商差别不大。许多工作、许多行业需要的是熟悉、熟悉、再熟悉,而不是天才。只有熟悉以后,才能总结出规律,找到成功的诀窍。

(二)在实践中修炼自我,选择时机

对欲创业的大学生而言,修炼自我的过程,单凭在学校中的学习是不能完成的,也很难有条件在自己的企业中完成,绝大多数人只能通过打工的方式在别人的企业中完成,这是修炼的基本途径。

最好是在小公司、小企业中工作,这样你就可以将所需知识和各个经营运作的环节全面熟悉,而不会有盲点。熟悉之后要面临特定行业,全面分析,以研究自己的长处和不足,确定适合个人特点的做法。

欲创业的大学生具体应从哪些方面修炼自己,掌握创业的本领呢?

了解和熟悉企业产品的生产工艺、原材料购进渠道、产品的销售渠道。这是欲创业者应具备的基本常识,即明确生产什么、如何生产、原材料从何而来、产品又如何销售出去等问题。

了解该企业产品的特点、优势与劣势。不同的企业生产的同类产品,除具有共同的基本功能外,通常都有各自的特色。你应通过比较分析,博采众长,设计出更能满足消费者需要的产品,为创业做好产品准备。

了解企业的机构设置和管理方式。企业管理界有一句话:"管理无定式。"意即企业的管理没有固定的模式可循。因为不同行业、不同产品、不同的技术条件,甚至不同的地域和人文环境都会影响管理方式和组织机构的设置。所以,对未来企业的管理设想不能局限于理论或某一企业的模式上,应了解现有企业的管理现状,分析不足,总结经验,为欲创企业的管理做准备。

预测市场前景。在企业各部门工作可以有机会观察市场的需求变化,预测产品的市场前景。因为任何一种产品都有其生命周期,在产品成长期进入该行业风险最小。了解和掌握这些规律,能为成功创业打下良好的基础。

(三)发挥自己的知识优势和特长

随着知识经济时代的到来,人类社会将进入知识社会。知识创业是促进科学技术进步和高新技术产业化的决定性因素。经济的知识化和知识的资本化使创业行为发生在社会生活的各个角落,使创业成为更多知识工作者的最佳选择。在科学技术日新月异的今天,无论从创业行为实现的价值或是从实现这种价值的机会衡量,几乎都是无限的。由于计算机、通信等信息技术的发展,改变了人们对时间、空间、知识(智力)的理解,同时也改变了人们对需求、市场、管理、价值、财富等概念的基本认知。人类正在走向知识经济时代,这使得创业形

式也呈现出多样化的趋势,一些新的创业形式纷纷出现,包括大公司创办的小公司、学生创办的公司、个人公司、为一个客户服务的公司等。大学毕业生作为知识工作者中的一分子,在创业过程中应充分发挥自己的知识优势。

(四)行动是成功的先导

有行动才可能有成功。行动说起来容易,做起来却很难。行动就要克服懒惰,行动就可能遇到难以想象的困难和挑战。能行动也是一种能力,行动才是对你是否真正具备自信和勇气的严峻考验。

创业的开局方案是以可行性研究的结果为基础制订的创业实施计划。进行产品或项目的可行性研究是为了保证创业投资行为的正确性,对投资项目的必要性、可能性和经济效益所进行的认真分析就是在投资项目建立和选择的过程中由浅入深、由粗到细分步完成的。首先是机会研究,即创业者对投资的初步设想所进行的概括性分析,以便确定投资的必要性和可能性。其次是初步可行性研究,它是在有了项目概貌的基础上,对关键性的问题进行专题研究,如市场的需求问题等。最后是详细进行可行性研究,它是在认真调查、掌握足够信息资料的基础上,对项目进行系统分析,其结果应是诞生一个或几个较优的方案。创业者通过对不同方案利弊的比较,进行选择。

二、谨慎选择、注重开局

(一)谨慎选择行业

特长是一个人最熟悉、最擅长的某种技艺,它最容易表现一个人在某一方面的能力和才华。事实证明,能够发挥自己的最大特长的事业是最容易取得成功的事业。因此,当选择了能够发挥自己的最大特长的事业时,实际上就意味着已经在创业的道路上步入成功的开端。那么,如何将特长作为创业时选择行业的依据呢?

1.搞清楚自己有哪些特长

无论自己的特长是不是自己的爱好,都要清清楚楚地了解它们。有些人可能说,我什么特长也没有。其实这些人并不真正了解自己,因为不管是什么人,他都有一定的特长,只要认真地去发现和挖掘,就会发现自己的特长。例如,善于唱歌、善于写作、善于用人等。不要小看这些特长,它们有时会使你获得意想不到的收获。所以,在走向创业之路之前,首先要尽可能诚实并客观地回答这样一个简单的问题:我究竟有哪方面的特长?我的这些特长能作为我创业时选择行业的依据吗?了解自己的特长,并确定这些特长是否就是你的爱好,这样才能很从容地对自己将要从事的行业作出选择。

2.选择特长中的特长

一个人往往具有许多方面的特长。例如,喜欢写作或擅长进行商业咨询或生物学研究等。在选择创业行业之初,往往觉得眼花缭乱,可能将自己所有的特长都在心中设计成创业的各种方案,但要在多个方案中作出优化选择似乎并不十分容易。其实,选择方案的过程就是对自己的选择过程,即在许多方面的特长中,选择自己特长中的特长。这样就能尽快把自己的最大特长转化为创业行为,并在创业致富的道路上不断走下去。什么是特长中的特长?就是最能体现自己创造力的特长,它不仅包括自己所熟悉的某种手艺或某一方面的知识,还包含自己的兴趣。如果在选择创业时,将自己最感兴趣的、能够体现自己创造力的特长作为首要的选择目标,那么,创业就不会轻易地失败。

如何选择创业行业并没有统一不变的模式。不同的人,所处的社会环境不同,选择创业行业的标准也不同。创业行业的选择,不仅是一个理论问题,更是一个实践问题。当然,创业行业的选择还有许多应该考虑的因素。例如,社会风尚、国家关于创业的有关法律条文和个人的投资能力、资金状况等。

(二)精心制订开局方案

创业开头难,开个好头更难。开头顺利会增强创业者的自信心,使他们继续干下去,随着经验的日趋丰富,实力的日益雄厚,事业越干越大,做起生意来就会更顺利、更容易。如果开头就出师不利,很容易对创业丧失信心。其实,对开头能否干好过分担忧、过于恐惧也是不必要的。

1. 头三脚不好踢,是正常的

经过一次又一次的失败,逐渐掌握了事物运动的规律,成功的概率大了,失败的概率就小了。什么事都是由不知到知,由知之不多到知之甚多,这个过程就是不断失败,而后取得成功的过程。创业者要先有心理准备:宁愿多考虑失败了怎么办,而不要把开局设想得过于美妙,这样,即使开头不顺利,也不会就此一蹶不振,而会振奋精神,总结经验,接受教训,由不会做生意到会做生意,由赔钱到赚钱。

2. 经济活动是有规律可循的

只要认真地研究与观察,经济活动的规律是可以被认识的。按照规律办事,一开始就可能会取得成功,即使不成功,也不会败得很惨。在创业初期受挫折的例子固然有,但是,一开始就旗开得胜的先例也不是没有,事在人为。

三、找准创业的着眼点

大学生创业有优势,也有局限性。大学生思维活跃、充满活力,喜欢接受新鲜事物,学校的学习使大学生具备了一定的专业知识,但由于没有进入社会,商业意识、社会经验及企业管理、财务及营销等方面的知识都比较欠缺。因此,大学生在创业方向的选择上应扬长避短,寻找适合自己发展的道路。

（一）做自己感兴趣的事

成功创业必须要有创业的热情，选择创业的领域可以从自己热衷的领域入手。做你所爱的，爱你所做的。当做自己喜欢做的事情时，人们会投入极大的热情，也容易取得成功。同时，要尽量做自己熟悉的事情。俗话说："做生不如做熟。"创业要尽量选择自己熟悉的事情来做，特别是在创业初期，能否做下去，在很大程度上取决于创业者对这个项目的熟悉程度。隔行如隔山，要扬己之长避己所短。每个行业都有其自身的经营之道，如果创业涉及自己并不熟悉的领域，一定要慎之又慎，不能够盲目从事。我国古代著名的军事家孙子说过："知己知彼，百战不殆。"对于创业者而言，"知彼"是了解整个职场的情况，"知己"则是盘点好自己的知识、兴趣等，换言之，就是要在摸清自己的职业兴趣类型归属的基础上，合理选择好创业目标。

（二）做自己擅长的领域

作为大学生，可以根据自己的兴趣爱好结合专业，在自己擅长的领域进行尝试，创业的领域大致有以下几个方面：

1. 高科技领域

身处高新科技前沿阵地的大学生，在这一领域创业有着近水楼台先得月的优势，"网易""腾讯"等大学生创办企业的成功，就是得益于创业者的技术优势。但并非所有的大学生都适合在高科技领域创业，一般来说，技术功底深厚、学科成绩出类拔萃的大学生才有成功的希望。有意在这一领域创业的大学生，可积极参加各类创业大赛，获得脱颖而出的机会，以期吸引风险投资。

大学生思维敏捷，年轻有活力，能跟上网络发展的步伐，容易发现互联网的商机，具备互联网创业的优势。另外，大学生多元化的个性比较适合互联网企业扁平化、相对自由的管理模式。比如网络服务、游戏开发等。

2. 智力服务领域

智力服务包括家教服务和设计。在智力服务领域创业，大学生游刃有余，智力是大学生创业最先掌握的资本。例如，家教领域就非常适合大学生创业，特别是师范专业的大学生。一方面，家教是大学生勤工俭学的传统渠道，积累了丰富的经验；另一方面，大学生能够充分利用高校教育资源，更容易掘到"第一桶金"。智力服务成本低、见效快，确实是个很好创业的方向。比如家教、家教中介、设计工作室、翻译工作室等。

3. 连锁加盟领域

据调查，在相同的经营领域中，个人创业的成功率低于20%，而加盟创业的成功率则高达80%。对创业资源十分有限的大学生来说，借助连锁加盟的品牌、技术、营销、设备优势，能够以较少的投资、较低的门槛实现自主创业。但连锁加盟并非"零风险"，在市场鱼龙混杂的现状下,大学生涉世不深,在选择加盟项目时更应注意规避风险。一般来说,大学生创业者资金实力较弱,适合选择启动资金不多、人手配备要求不高的加盟项目,从小本经营开始为宜。此外,最好选择运营时间在5年以上、拥有10家以上加盟店的成熟品牌。比如快餐业、家政服务、校园小型超市、数码快印站等。

4. 商铺经营

大学生经营商铺,一方面可充分利用高校的学生顾客资源;另一方面,熟悉同龄人的消费习惯。正由于走"学生路线",因此要靠价廉物美来吸引顾客。此外,由于大学生资金有限,不可能选择热闹地段的店面,因此推广工作尤为重要,需要经常在校园里张贴广告或与社团联办活动,才能广为人知。比如高校内部或周边地区的餐厅、咖啡屋、美发屋、文具店、书店、洗衣店等。

5. 农村创业

很多人可能觉得大学生不适合到农村发展,其实事实并没有那么绝对。在我国农村还有大量的商机没有开发出来,大量的地方特产没有商品化。大学生凭借自己所学的知识,脚踏实地深入农村,特别是回到家乡,定能发现农村创业的巨大商机。当然,大学生到农村去必然要克服一系列困难。来自农村的大学生可能相对来说更适合到农村创业,如农产品加工、科技养殖等。

如何能抓住创业的契机,并且能够根据自己的具体条件创业,是创业成功的前提。

【案例阅读】

小季,女,中南大学艺术设计专业2011级学生,开设一家画室,从事美术类高考考生的考前培训。

小季在创业之前有着非常丰富的勤工俭学的经历,曾先后代理过手机卡的销售、米高轮滑鞋的销售,代理福森造林有限公司的市场拓展业务,自制圣诞礼物出售,还在超市等地方打工。在经历了一系列的兼职后,进入大二学习的小季开始了自己的第一次创业:她投资了10 000多元和别人合伙开了一家奶茶店。当时的创业初衷是想为家里谋一些福利,可由于对合伙人的了解不足,在经营中产生了矛盾,不久奶茶店的经营以失败告终,不但没有盈利,个人还亏损了4 000多元。第一次创业的失败对小季的打击很大,她身心交瘁,病了一个多月。经过一段时间的调整,她以一种不甘心失败的心态,和同学一起投资办起了一个工作室,主要进行广告板和封面的设计,开始了第二次创业。工作室经营一段时间之后,收回了成本,并且能解决自己的生活费,但最终因工作室的业务与自己的学习产生冲突而取消经营。在有了两次创业的经验和教训的基础上,小季投资2 000多元,办起了一家画室。因为小季本人对美术很感兴趣,而且具有通过美术考试升学的亲身体会和成功经验,画室的经营目前较为顺利,并有一定的盈利。

【分析】小季的案例告诉我们,创业不是一件很难的事。只要你具备了一定的素质,并且善于观察,敢于实践,机会就在我们身边。大学毕业生,尤其是应届大学毕业生在创业的道路上不能一时兴起,也不能单凭一腔热情,而应该早作打算,从长计议。大学生创业单纯依靠优惠政策或措施是难以解决问题的,必须从自身入手,在学习阶段就了解创业、接触创业、学习创业、体验创业。

第二节 创业项目的实施

大学生如何选择创业项目,是一个重要的环节,选择项目的好坏,是决定创业是否成功的关键。

一、发现商机

在市场调查中,从平凡细微之处发现商机。

(一)市场环境调查

市场环境调查是指在比较大的范围和比较长的时间内,对企业经营活动发生影响的宏观因素所进行的调查。进行市场调查的目的是发现市场可以进行创业的机会,以及可能存在的威胁,避免走弯路。

(二)人口环境调查

人口环境调查是环境调查中比较重要的内容。在一些市场经济发达的国家,市场所在地的人口环境调查被认为是市场调查的首要因素。人口环境调查的主要内容包括人口数量的调查、人口构成的调查、人口流动和迁移的调查、家庭生命周期的调查、家庭结构变化的调查等。创业者可以通过对人口环境的调查,进行市场细分,寻求创业机会。

(三)经济环境调查

经济环境是指国家和地区的经济发展速度、消费信贷政策、居民的经济收入和储蓄习惯、消费构成等环境因素。其中,居民的经济收入是构成市场容量的第二因素,也是进行市场细分的主要标准之一。经济环境调查的具体内容包括国家和地区的经济状况调查,消费者情绪调查、购买能力调查,市场容量及相关状况调查,科技环境调查,行业环境及进、退调查。

二、创业项目分析

(一)以社会需求为导向,选择国家产业政策支持的新兴产业

社会是创业的大舞台,要想在社会大舞台上获得创业的一席之地,就必须急社会发展之

所急,供社会发展之所求,使创业目标与社会需求保持一致。只有这样做,社会才能支持你的创业行为,认同你的创业成果。大学生要摒弃"职业有贵贱"的错误观念,也不能单纯以个人意愿出发,应以社会需求作为确立创业目标的首要依据,力争在社会发展的大舞台上有所作为。

(二)所选项目应与自身专业特长相一致

不同的行业因其性质、特点不同,对创业者的能力、素质、知识水平的要求也不同,而任何人都不是全才,精于此,往往疏于彼。因此,创业者在选择创业目标时,必须正确地认识自己的能力倾向及优势所在,力求与创业领域的具体要求相匹配。

(三)选择自己感兴趣的领域

兴趣是干好事情的动力之一。根据自己的兴趣确立创业目标更容易使自己的创业走向成功。当然,人的兴趣并不是绝对固定不变的。由于诸多原因,有时选定的创业目标与自己的兴趣不完全符合,在这种情况下,就应当尽量从与自己兴趣相近的领域中进行选择,并培养自己的职业兴趣。否则,完全拘泥于自己现有的兴趣,反而会作茧自缚而坐失创业良机。

三、寻找创业决策的切入点

(一)从见效快的项目做起

让创业投资尽快产生效益,这是创业者的共同心愿,但见效的快慢是相对的。专家们从六个方面提供了参考性意见:第一,小型比大型好。小型项目投资少,形成生产能力快,运作环节相对较简洁,一旦出现明显的行业风险,就会显现出优势。第二,轻工优于重工。从产品设计到产出的过程较短,投资风险较小,有望在较短时期内见效。第三,餐厅和食品优于一般用品。第四,做女人的生意比做男人的生意更能赚钱。第五,小孩比大人更容易形成新的市场消费热点。第六,"专"比"杂"好。

(二)从干小事、求小利做起

风险与收益是成正比的:一般而言,风险大,收益也大;风险小,收益也小。对于已经有了一定基础,有能力发展多项业务的公司,为了开拓发展空间,扩大盈利层面,有时大胆去冒一点风险,也是值得的。然而,对于刚刚涉足创业门槛的大学生来说,创业的资本还不雄厚,经验比较欠缺,应该避免参与风险大的投资,而将为数不多的资金投于规模较小,但风险也较小的事业中去,先求小利,而后,依靠滚动发展再赚大钱。不少企业家开始创业时搞的都是极不起眼的小本买卖,然而,稳扎稳打、步步为营,大事就在逐步发展中与你相约。

(三)关注借助学校品牌的项目

这类项目主要包括:各类教育与培训;成熟的技术转让;各种专业咨询;利用优势的服务

项目,如家教服务中心、成人考试补习、会议礼仪服务、发明家俱乐部等。

创业凭一时的冲动是不能成功的,还要有创业的一系列准备才能起步。

【案例阅读】

北京长安俱乐部是中国财富英雄的俱乐部,30多岁的赵青松也是该俱乐部的成员。现在他拥有两家公司,个人财富近千万元,而当初他不过是一名普通教师。

师大毕业的赵青松被分配到北京的一所中学教物理,对于这样的生活他并不满意。两年后,他不顾家人和朋友的反对,毅然辞职准备利用5 000元积蓄创业。5 000元钱的本钱可以做什么项目?赵青松思索了整整一周,却一无所获。一天夜里,他沮丧极了,一怒之下把写字台的抽屉拽出来狠狠摔在地上,这时抽屉发出抽水马桶的声音。原来抽屉里甩出的冰箱贴被设计成马桶的样子,碰触后会发出抽水的声音。赵青松大受启发,凭着物理学功底连夜设计出工艺图。天一亮,他就出去找了一个小玩具厂,要求厂家按照图纸生产3 000个冰箱贴。这种冰箱贴进入市场后大受欢迎,赵青松赚得5万元。有了5万元的第一桶金,赵青松继续把握市场需求,研发新产品。两三年的时间,他成立了自己的商贸公司,盈利近3 000万元。

【分析】赵青松创业成功的原因,并不是靠一时的冲动,而是凭借他的专业和坚定的意志,抓住了机遇,敢于创新,最终取得成功。

第三节 大学生创业的基本流程

大学生创业并不存在固定不变的程序和步骤,如创业计划的拟定、创业项目的选定、企业取名和登记注册等,既可同时进行,也可先后排序。

一、创业的前期工作

选定项目之后,大学生创业者还需要做具体的创业准备工作。

(一)了解具体商品或服务的需求状况

1.需求总量调查

例如,某大学毕业生李丰打算在某小区内开一家水果店,需要先预算出顾客的需求水平。那么,他可以先统计出小区的人口总数,再调查出该小区人均消费在水果上的费用,将其乘以小区人数,即可预算出顾客的需求水平。

2.需求结构调查

主要是了解顾客购买力投向,根据居民收入水平进行分类,测算出每类居民购买力投向。

3.需求季节调查

主要是了解需求的季节性变化规律。

4.需求动机调查

主要是了解顾客购买产品时的购买动机,是求名心理、求新心理、求廉心理,还是求实心理等。

(二)了解具体商品或服务的竞争状况

需要了解的情况包括国内外及所在地段的竞争对手的数量、生产或经营状况、劳动效率、优势和弱点、竞争策略,以及潜在的竞争对手等。

(三)作好价格预测

在调查活动中,价格是需要考虑的重要因素之一。通过分析,测算出价格变动对拟投资项目总投资的影响程度,从而预先采取积极的应对措施,争取在剧烈的价格波动中始终占据主动地位。

(四)设定生产或经营的商品销路

要想掌握商品今后的销路,需要综合了解多方面的情况。除了所生产或经营商品本身的特点,包括商品设计、性能和用途、造型、包装、安全性、生命周期、新产品开发等要点,还要了解顾客构成、需求水平、竞争态势、购买心理和购买习惯等各项因素。

二、筹措资金

大学生创业的最大障碍是缺乏资金支持。事实上,创业资金可以通过多种渠道获得。

(一)亲友投资和个人积蓄

大学生创业者目前选择最多的融资渠道是亲友投资和个人积蓄。我国创业成功者中,不乏利用这两种方式获取创业启动资金的例子,如网易创办人丁磊的起步资金就是他本人的50万元积蓄。大学生创业者和其家庭承担全部资金投入,也必然承担巨大风险,这使许多大学生对创业望而却步。

(二)风险投资

据美国全美风险投资协会的定义,风险投资是由职业金融家投入新兴的、迅速发展的、具有巨大竞争潜力的企业的一种权益资本。

（三）银行贷款

小额（担保）贷款，是国家为解决有创业意愿、有创业技能的符合条件人员对创业资金的需求，由政府拨付专项资金提供担保和贴息，金融机构发放的从事个体经营自筹资金不足的贷款。2008年，中国人民银行、财政部、人力资源和社会保障部联合下发《关于进一步改进小额担保贷款管理积极推动创业促就业的通知》（银发〔2008〕238号），将高校毕业生列入发放小额贷款对象之一，各省也纷纷出台了相应的小额贷款政策。大学生可以关注和查询相关信息，或向相关部门进行咨询。

（四）政府科研/创业基金或优惠贷款

大学生可以通过众多社会渠道获取资金支持，其中较为便捷的方式是申请大学生创业基金。大学生创业基金种类繁杂，大多由政府机关与大企业联合建立，如2009年6月中国青少年发展基金会和全球著名的化妆品集团欧莱雅共同设立的"欧莱雅大学生就业创业基金"，2010年5月山东省委和山东联通共同设立的山东省大学生创业基金。此外有些高校和社会团体也成立了大学生创业基金，以帮助大学生创业者解决资金问题。申请大学生创业基金需要具备相应条件，需要大学生特别关注相关规定，深入了解大学生创业基金的申领方式。2008年大学毕业生自主创业调查表明，仅有1%的资金来源于政府科研、创业基金或优惠贷款，表明大学生创业者对政府扶植与社会优待政策了解不够。

大学生创业还有一些其他的融资方式，如信托投资公司和典当行等非银行金融机构，这些金融机构都以融资方便、快捷而著称。合伙投资创业由于共同出资减少了风险，也广受大学生创业者欢迎。

三、拟订创业计划

一个缜密翔实的计划是良好的开端。一个完整的创业计划包括以下内容：

（一）整体概念陈述

包括创业点子的介绍、对获利潜能和可能风险的评估。

（二）产品与服务

产品或服务内容的描述应涵盖制造过程中的各项成本、名称或所需的包装，以及任何独特或极具竞争力的有利条件。另外，计划本身也要记录产品或服务的保证措施和要进入这一行业时可能会遭遇的阻碍。

（三）创业团队

创建一个企业需要做的事务非常多，创业团队的人员结构首先要合理。要有专司组织协调的人员、技术人员、财会人员、营销人员、生产组织人员等。在创业初期,即使没有办法集合到足够的专业人员,但所承担的业务也必须分摊到位。许多创业者不能选择合适的合作者,当产生分歧时,各持己见,不欢而散,致使创业失败。创业计划中必须体现团队精神或团队理念。

(四)商品、行业与市场

创业计划必须通过分析商品、行业和市场来制订营销策略、经营管理策略、风险控制等。

(五)工作进度表

拟订的创业计划中,应有一份执行进度表,其中包含详细的工作内容、执行时间。

四、注册登记

只有注册登记,才享有合法身份,才能不断发展壮大。注册登记包括以下内容:

(一)法人登记

主要程序如下:

1. 申请开办

申请开办就是取得有关主管部门的批准。申请公司开业时,应向这些部门提交开办公司的申请报告。申请报告应写明开办公司的宗旨、公司的名称及地址、负责人的姓名、公司的性质、生产经营范围、生产经营方式、公司资金总额、职工人数、筹建日期及其他需要写入的内容。

2. 申请开业登记

在申请开办获得批准后,即可申请开业登记。

3. 领取营业执照

这是登记审批程序的最后一个环节。公司自领取营业执照之日起即宣告成立,标志着公司取得了法人资格,同时也取得了公司名称专用权和生产经营权。

4. 变更登记

如因企业生产经营需要或者其他原因需要变更登记事项时,就必须办理变更登记。合伙企业或责任有限公司在增加或减少合伙人和股东人数的时候,也应办理变更登记。如要变更登记的事项涉及营业执照上注明的内容,还应该换发营业执照。

(二)税务登记

税务登记是纳税人履行纳税义务向税务机关办理的必要的法律手续,是纳税人的一项基本法定义务,是税务机关依据税法的有关规定,对纳税单位和个人的生产经营活动进行登记管理的一项基本制度。纳税人办理税务登记按下列程序进行:一是申请办理税务登记;二是审核税务登记表,填发税务登记证;三是在领到税务登记证之后悬挂在营业场所,亮证经营;四是定期验证和换证。

(三)银行开户

企业在获得营业执照之后,应当选择当地一家银行或信用社开户。各银行在服务水平、效率等方面不尽相同,创业者在比较、调查之后,选择一家银行或信用社,开立账户。

五、调适创业中的四种关系

(一)与政府机关的关系

大学生创业者与政府相关部门打交道,必须讲究艺术,切忌死板。

1.摆正位置

企业和国家是一种依属与被依属的关系。大学生创业者要明确自己的位置,摆正与国家的关系,切忌"越位"。若考虑问题仅从自身利益角度出发,于己有利的事情毫无顾忌地去做,后果将不堪设想。

2.要求适中

政府许多政策、法令及法规都为企业的经营活动指明了大方向,但常常会有照顾不周的地方。如果此类细枝末节影响到企业的合理利益,可以向政府提出,相信政府会予以有效解决。

3."维权"合理

当企业发展中的合理合法利益与政府的某些规定发生冲突时,大学生创业者要主动沟通,努力使政府接受意见。

(二)与金融界的关系

大学生创业者与金融界打交道时需要注意以下问题:

1.恪守信誉

信誉是金融界最看重的品质,一个恪守信誉的企业相对容易获得所需资金。因此,大学生创业者在向银行贷款时,一定要对自己的按期偿还能力及也许会出现的变化因素作充分估计,以便自己更好地做到"恪守信誉"。

2.加强沟通

得到金融界的贷款之后,应经常、及时地向金融界有关方面通报信息,定期汇报产业项目的进展情况、资金周转情况。

(三)与社区的关系

"远亲不如近邻。"很多大学生企业都建在社区,与周围邻里之间的人际关系,与社区内各种组织(如居委会、派出所等)的关系,既密切又微妙。大家应该有事相互关照、相互谅解,共建"天时、地利、人和"的文明社区。相反,如果大学生企业与社区的关系处理不好,就可能引发冲突或矛盾,影响企业的发展。

(四)与同行的关系

"同行是冤家。"企业一进入市场,就注定要与同行竞争。但是在日趋激烈的商业竞争中,只有与行业同仁交上朋友,进行合作,才能增强实力。

1.借助同行弥补自己的不足

在企业经营管理中,不时会遇到这种情况:好不容易联系到一宗很大的业务,客户却要求在某一期限内完成,而仅靠自己的企业是不可能完成的。此时,最好的办法就是借助同行的力量共同完成业务。

2.互通信息

一个行业中的各个企业应不断地加强彼此的信息交流,使企业现有资源得以最大限度地被利用。

3.可借鉴同行的经营管理经验

同行之间由于有着类似的业务,有效的管理经验可借鉴的成分相当大,也许同行的成功之道正是你的企业所必需的。同行之间相互借鉴还有一个很大的好处,那就是其生产原材料相近,很容易找出自己与别人的差距。

第四节　创业计划书

一、创业计划书的作用

创业计划书,是创业者在初创企业成立之前就某一项具有市场前景的新产品或服务,向潜在投资者、风险投资公司、合作伙伴等游说以取得合作支持或风险投资的可行性商业报告。创业计划通常是各项职能如市场营销计划、生产和销售计划、财务计划、人力资源计划等的集成,同时也是提出创业的头三年内所有中期和短期决策制度的方针。如果有了一份详尽的创业计划书,就好像有了一份业务发展的指示图一样,它会时刻提醒创业者应该注意什么问题,规避什么风险,并最大限度地帮助创业者获得来自外界的帮助。因此,创业计划书有着非常重要的作用。

（一）能帮助创业者厘清思路,作出正确评价

在使用创业计划书融资前,创业计划书首先应该是给创业者自己看的。因此,创业者应该以认真的态度对自己所有的资源、已知的市场情况和初步的竞争策略作尽可能详尽的分析,并提出一个初步的行动计划,做到心中有数。另外,创业计划书还是创业资金准备和风险分析的必要手段。对初创企业来说,创业计划书尤为重要,一个酝酿中的项目,往往很模糊,通过制订创业计划书,把正反理由都书写下来,然后再逐条推敲,创业者就能对这一项目有更加清晰的认识。

（二）能帮助创业者凝聚人心,有效管理

一份完美的创业计划书可以增强创业者的自信,使创业者明显感到对企业更容易控制、对经营更有把握。因为创业计划提供了企业全部的现状和未来发展的方向,也为企业提供了良好的效益评价体系和管理监控指标。创业计划书使得创业者在创业实践中有章可循。创业计划书通过描绘新创企业的发展前景和成长潜力,使管理层和员工对企业及个人的未来充满信心,并明确要从事什么项目和活动,从而使大家了解将要充当什么角色,完成什么工作,以及自己是否胜任这些工作。因此,创业计划书对于创业者吸引所需要的人力资源,凝聚人心,具有重要作用。

（三）帮助创业者对外宣传,获得融资

创业计划书作为一份全方位的项目计划,它对即将展开的创业项目进行可行性分析的过程,也在向风险投资商、银行、客户和供应商宣传拟建的企业及其经营方式,包括企业的产品、营销、市场及人员、制度、管理等各个方面。在一定程度上也是拟建企业对外进行宣传和包装的文件。

二、创业计划书的基本框架和内容

创业计划书能让我们对每个细节了然于胸,可以让初入商场的人做到"知己知彼,百战不殆",创业计划书的基本框架和内容包括以下方面:

（一）产业背景和公司概述

主要介绍公司的主营产品和主要特色,以及公司的成立地点、时间、所处阶段和竞争

优势。

（二）市场调查和分析

认清和分清市场目前潜在的对手，分析他们的竞争优势，研究战胜对手的方法和手段。

（三）公司战略

依照公司的宗旨和长远发展目标，制订公司经营计划和长远发展目标。

（四）总体进度安排

根据公司和市场情况，制订公司创业经营的时间进度安排，做到行事有的放矢，提高创业的成功率。

（五）关键的风险、问题和假定

根据目前的市场和公司的经营状况，预测关键的风险和问题，假定公司的未来。

（六）管理团队

对公司领导层的重要领导进行专门介绍，包括他们的职务、工作经验、工作能力和专长，以及教育背景等，并简要列出公司普通员工人数，包括兼职员工人数，大体进行概况分类，确定职务空缺。

（七）公司资金管理

主要包括资金需求和来源、融资计划、股本结构和规模、资金运营计划、退出策略及运营方式和时间。

（八）假定公司能够提供的利益

介绍目前公司的营业性收入、成本费用、现金流量等，预测5年以后的财务报表情况，探求公司上市、股票收购或兼并等。

三、创业融资

（一）在制订融资方案之前

要准确评估自己的有形资产和无形资产的价值，千万不要妄自菲薄，低估了自己的价值。

（二）融资过程中要作好融资方案的选择

国内的融资渠道虽不很健全，但方式比较多，主要有：①合资、合作、外资企业融资渠道；

②银行及金融机构贷款;③政府贷款;④风险投资;⑤发行债券;⑥发行股票;⑦转经营权;⑧BOT融资。多渠道的比较与选择可以有效降低融资成本,提高效率。通过上述途径得到的发展资金可以分为两类:资本资金和债务资金。债务资金(如银行贷款等)不会稀释创业者股权,而且可以有效分担创业者的投资风险,推荐优先使用。

（三）如果采用出让股权的方式进行融资,则必须作好投资人的选择

只有同自己经营理念相近,其业务或能力能够为投资项目提供渠道或指导的投资,才能有效支撑企业的成长。目前的关键问题是,大学生很难找到融资对象,找到一个就像发现了救命稻草一样,根本就没有讨价还价的余地,这样的融资肯定会给后续工作带来很多麻烦。出现这种问题的主要原因是信息不对称,因此创业者一定要加强对融资市场的信息收集与整理,在掌握大量的情报资料的前提下作出最优的选择。

（四）创业不仅是实现理想的过程,更是使投资者(股东)的投资保值增值的过程

创业者和投资者是一个事物的两个方面,大家只有通过企业这个载体才能达到双赢的目标。"烧投资者的钱圆自己的梦"的问题说到底是企业家的信用问题,怀抱这种思想的人不会成为一个成功的创业者。只有能为股东创造价值的企业家才能得到更多的融资机会和成长机会。因此,创业者不仅要加强自身的技术能力,还需要具备企业家的道德风范。

四、团队建设

（一）组建创业团队的基本条件

1.树立正确的团队理念

（1）凝聚力

拥有正确团队理念的成员相信他们处在一个命运共同体中,共享收益,共担风险。团队工作,即作为一个团队而不是靠个别的"英雄"工作,每个人的工作相互依赖和支持,依靠事业成功来激励每个人。

（2）诚实正直

这是有利于顾客、公司和价值创造的行为准则。它排斥纯粹的实用主义或利己主义,拒绝狭隘的个人利益和部门利益。

（3）为长远着想

拥有正确团队理念的成员相信他们正在为企业的长远利益工作,正在成就一番事业,而不是把企业当作一个快速致富的工具。没有人打算现在加入进来,在困境出现之前或出现时退出而获利,他们追求的是最终的资本回报及带来的成就感,而不是当前的收入水平、地位和待遇。

（4）承诺价值创造

拥有正确团队理念的成员承诺为了每个人而使"蛋糕"更大,包括为顾客增加价值,使供应商随着团队成功而获益,为团队的所有支持者和各种利益相关者谋利。

2. 确立明确的团队发展目标

团队的发展壮大,需要团队所有成员必须明确团队发展目标,从而使个人发展目标与团队发展目标相匹配,实现个人和团队的双赢。

（二）建立责、权、利统一的团队管理机制,创业团队内部需要妥善处理各种权力和利益关系

1. 妥善处理创业团队内部的权力关系

在创业团队运行过程中,团队要确定谁适合从事何种关键任务和谁对关键任务承担什么责任,以使能力和责任的重复最小化。

2. 妥善处理创业团队内部的利益关系

这与新创企业的报酬体系有关。一个新创企业的薪酬体系不仅包括诸如股权、工资、奖金等金钱报酬,而且包括个人成长机会和提高相关技能等方面的因素。每个团队成员所看重的并不一致,这取决于个人的价值观、奋斗目标和抱负。有些人追求的是长远的资本收益,而另一些人不想考虑那么远,只关心短期收入和职业安全。

3. 制订创业团队的管理规则

主要解决剩余索取权和剩余控制权问题。治理层面的规则大致可以分为合伙关系与雇佣关系。在合伙关系下大家都是老板,大家说了算;而在雇佣关系下只有一个老板,一个人说了算。除了利益分配机制和争端解决机制,还必须建立进入机制和退出机制。没有出入口的游戏规则是不完整的,因此,要约定以后创业者退出的条件和约束,以及股权的转让、增股等问题。

4. 组建创业团队的程序和方法

①撰写出创业计划书。
②优劣势分析。
③确定合作形式。
④寻求创业合作伙伴。
⑤沟通交流,达成创业协议。
⑥落实谈判,确定责、权、利。

5. 建立完整的企业文化管理制度

创业期的企业,企业文化处于自发阶段,可能没有很清晰的文化。但只要是企业,就都

有自己的文化。企业文化是企业认同的价值观和行为方式。创业期的企业,还在解决温饱问题,因此对文化这种高境界的精神追求不强烈,这其实是一种误解。只要企业里面存在人,就会有文化。企业高层管理者的言行举止和管理风格,本身就是一种文化,只是这种文化还没有制度化。

第五节 创业实务知识

一、工商税务知识

(一)工商登记

工商登记是国家对生产经营者行使的管理职能之一,也是生产经营者确认自身合法地位的法律程序。生产经营者为了保护自己的合法权益,必须在法律上明确其地位,从而在法律的保护下从事正常的生产经营活动。申请开办公司的,应先提交开办公司的申请报告。申请报告应写明开办公司的宗旨、公司的名称、地址、组建负责人的名称、公司的性质、生产经营范围、生产经营方式、公司资金总额、职工人数、筹建日期及其他需要写入的内容。工商登记审批程序的最后一个环节就是领取营业执照。工商行政管理机关在审查核实的基础上填写营业执照或企业法人营业执照,由主管领导签署意见并记录在案,同时出具核准登记通知书。生产经营者领取营业执照后,即标志着已取得了合法的生产经营资格。如果开办的是公司,在接到核准登记通知书后,法定代表人到登记主管机关领取执照,并由公司法定代表人办理签字备案手续。公司自领取营业执照之日起即宣告成立,标志着公司取得了法人资格,同时也取得了公司名称专用权和生产经营权,公司的合法权益受国家法律保护,也确定了公司必须承担国家法律规定的义务和责任。

(二)税务登记

守法经营、依法纳税是每个公民应尽的义务。为了保证生产经营活动的顺利开展,生产经营者应在领取营业执照之日起 30 日内到税务机关进行税务登记。税务登记的主要内容包括商户的名称、地址、经营性质、主管部门、生产经营范围、经营方式、资金方式、资金状况、开户银行及账号等。

二、金融保险知识

创业所从事的生产经营活动一旦开始运营,就会每时每刻都与资金打交道。离开了钱,生产经营活动将寸步难行。企业购买原材料、卖出产品、发放工资、缴纳税款、支付利息等都必须与资金打交道。怎样从银行借钱,怎样才能合理地使用资金,怎样才能有效地回避风险,这就要求创业者掌握同银行及保险部门打交道的基本知识,利用现代化社会发达的信用和保险制度,为创业提供服务。

三、经济法律知识

守法经营是对每个生产经营者的基本要求,学会运用法律知识处理有关问题可以有效地避免损失,提高效率。具体要清楚以下几个重要的概念:

（一）个体工商户

个体工商户是指有经营能力并依照《个体工商户条例》的规定经工商行政管理部门登记,从事工商业经营的公民。个体工商户是个体工商业经济在法律上的表现,具有以下特征:

个体工商户是从事工商业经营的自然人或家庭。自然人或以个人为单位,或以家庭为单位从事工商业经营,均为个体工商户。根据法律有关政策,可以申请个体工商户经营的主要是城镇待业青年、社会闲散人员和农村村民。此外,国家机关干部、企事业单位职工,不能申请从事个体工商业经营。

自然人从事个体工商业经营必须依法核准登记。个体工商户的登记机关是县以上工商行政管理机关。个体工商户经核准登记,取得营业执照后,才可以开始经营。个体商户转业、合并、变更登记事项或歇业,也应办理登记手续。

个体工商户只能经营法律、政策允许个体经营的行业。

（二）个人独资企业

所谓个人独资企业,是指在中国境内设立,由一个自然人投资、财产为投资个人所有、投资人以其个人财产对企业债务承担无限责任的经营实体。它具体有以下主要特征:一个自然人投资,其财产为投资个人所有。不仅企业初始的资产为投资人所有,而且企业成立之后存续期间形成的所有财产,也归投资人所有。投资人以其个人财产为企业债务承担无限责任。这里包括三层意思:一是企业的债务全部由投资人承担;二是投资人承担企业债务的责任范围不限于出资;三是投资人对企业的债权人直接负责。

（三）合伙企业

所谓合伙企业,按照我国《合伙企业法》规定,就是在中国境内设立的由各合伙人订立合伙协议,共同出资,合伙经营,共享收益,共担风险,并对合伙企业承担无限连带责任的营利性组织。设立合伙企业必须有合格的合伙人,而且合伙人数应不少于 2 人,但由于合伙企业的合伙性质,合伙人之间的信任尤其重要,因此,在实践中合伙人数不宜太多,一般不超过 20 人。合伙人必须具有民事能力,即为完全民事行为能力人,且能承担无限责任。限制行为能力人不得作为合伙人,无行为能力人当然更不能作为合伙人。所以,只有 18 周岁以上的人和已满 16 周岁未满 18 周岁但以自己的劳动收入作为主要生活来源的人,才能作为合伙人。

(四)公司企业

按照我国的《公司法》,公司是指在中国境内设立的有限责任公司和股份有限公司,二者都是企业法人。有限责任公司是指股东以其出资额为限对公司承担责任,公司以其全部资产对公司的债务承担责任的企业法人;股份有限公司是指其全部资本为等额股份,股东以其所持股份为限对公司承担责任,公司以其全部的资产对公司的债务承担责任的企业法人。公司股东作为出资者按投入公司的资本额享有所有者的资产收益、重大决策和选择管理者等权利。公司享有股东投资形成的全部法人财产权,依法享有民事权利且承担民事责任。有限责任公司由 50 个以下的股东共同出资设立,设立时应当具备五个条件:一是股东符合法定人数;二是股东出资达到法定资本最低限额(注册资本应由股东一次全部缴足);三是股东共同制订公司章程;四是有公司名称和符合有限责任公司要求的组织机构;五是有固定的生产经营场所和必要的生产经营条件。

(五)农民专业合作社

我国《农民专业合作社法》对农民专业合作社进行了简要的定义,包括两个方面的内容:一方面,从概念上规定了合作社的定义,即农民专业合作社是在农村家庭承包经营基础上,同类农产品的生产经营者或者同类农业生产经营服务的提供者、利用者,自愿联合、民主管理的互助性经济组织;另一方面,从服务对象上规定了合作社的定义,即农民专业合作社以其成员为主要服务对象,提供农业生产资料的购买,农产品的销售、加工、运输、贮藏及与农业生产经营有关的技术、信息等服务。

经济生活中有这样一条规律,风险与收益是成正比的。一般来说,风险大,收益也大;风险小,收益也小。例如,市场上一种新产品或服务业的出现,通常会产生两种截然相反的结果:一种是企业提供的产品和服务供不应求,价格必然高于价值,收益也大;另一种是企业提供的产品和服务,由于各种原因得不到消费者的认可,就可能产生投入资金后没有收益甚至亏损的结果。这就是风险所在,也正是大多数人望而却步的原因。对于已经有了一定基础,且有多项业务的公司,为了赢得较多的利润,有时冒点风险是必要的,也是可以承受的。如果企业搞的是多元化经营,东方不亮西方亮,这儿赔了,那儿却赚了,企业还可以存在下去。但是,对于初创业者来说,应该尽量避免风险大的事情,应将为数不多的资金投入风险小、规模也较小的事业中去。先赚小钱,再赚大钱,聚沙成塔,滚动发展。等资金雄厚了,再干大事业,冒大险,赚大钱。

四、创办不同类型的市场主体,需要准备的材料和办理流程

创办不同类型的市场主体,需要准备的材料和办理流程如下:

（一）个体工商户

1. 需准备的材料

①经营者签署的个体工商户注册登记申请书。

②委托代理人办理的，还应当提交经营者签署的委托代理人证明及委托代理人身份证明。

③经营者身份证明。

④经营场所证明。

⑤个体工商户名称预先核准通知书（设立申请前已经办理名称预先核准的须提交）。

⑥申请登记的经营范围中有法律、行政法规和国务院决定规定必须在登记前报经批准的项目，应当提交有关许可证书或者批准文件。

⑦申请登记为家庭经营的，以主持经营者作为经营者登记，由全体参加经营家庭成员在个体工商户开业登记申请书经营者签名栏中签字予以确认。提交居民户口簿或者结婚证复印件作为家庭成员亲属关系证明，同时提交其他参加经营家庭成员的身份证复印件。

⑧国家市场监督管理总局规定应提交的其他文件。

2. 办理流程

（1）申请

● 申请人或者委托的代理人可以直接到经营场所所在地登记机关登记。

● 登记机关委托其下属工商所办理个体工商户登记的，到经营场所所在地工商所登记。

● 申请人或者其委托的代理人可以通过邮寄、传真、电子数据交换、电子邮件等方式向经营场所所在地登记机关提交申请。通过传真、电子数据交换、电子邮件等方式提交申请的，应当提供申请人或者其代理人的联络方式及通信地址。对登记机关予以受理的申请，申请人应当自收到受理通知书之日起 5 日内，提交与传真、电子数据交换、电子邮件内容一致的申请材料原件。

（2）受理

①对于申请材料齐全、符合法定形式的，登记机关应当受理。

申请材料不齐全或者不符合法定形式，登记机关应当当场告知申请人需要补正的全部内容，申请人按照要求提交全部补正申请材料的，登记机关应当受理。

申请材料存在可以当场更正的错误的，登记机关应当允许申请人当场更正。

②登记机关受理登记申请，除当场予以登记的外，应当发给申请人受理通知书。

对于不符合受理条件的登记申请，登记机关不予受理，并发给申请人不予受理通知书。

申请事项依法不属于个体工商户登记范畴的，登记机关应当即时决定不予受理，并向申请人说明理由。

（3）审查和决定

登记机关对决定予以受理的登记申请,根据下列情况分别做出是否准予登记的决定。

申请人提交的申请材料齐全、符合法定形式的,登记机关应当当场予以登记,并发给申请人准予登记通知书。

根据法定条件和程序,需要对申请材料的实质性内容进行核实的,登记机关应当指派两名以上工作人员进行核查,并填写申请材料核查情况报告书。登记机关应当自受理登记申请之日起 15 日内做出是否准予登记的决定。

对于以邮寄、传真、电子数据交换、电子邮件等方式提出申请并经登记机关受理的,登记机关应当自受理登记申请之日起 15 日内做出是否准予登记的决定。

登记机关做出准予登记决定的,应当发给申请人准予个体工商户登记通知书,并在 10 日内发给申请人营业执照。

不予登记的,应当发给申请人个体工商户登记驳回通知书。

（二）个人独资企业

1. 需准备的材料

①投资人签署的个人独资企业登记(备案)申请书。

②投资人身份证明。

③投资人委托代理人的,应当提交投资人的委托书原件和代理人的身份证明或资格证明复印件(核对原件)。

④企业住所证明。

⑤名称预先核准通知书(设立申请前已经办理名称预先核准的须提交)。

⑥从事法律、行政法规规定须报经有关部门审批业务的,应当提交有关部门的批准文件。

⑦国家市场监督管理总局规定应提交的其他文件。

2. 办理流程

（1）申请

由投资人或其委托的代理人向个人独资企业所在地登记机关申请设立登记。

（2）受理、审查和决定

登记机关应当在收到全部文件之日起 15 日内,做出核准登记或者不予登记的决定。予以核准的发给营业执照;不予核准的,发给企业登记驳回通知书。

（三）合伙企业

1. 需准备的材料

①全体合伙人签署的合伙企业登记(备案)申请书。

②全体合伙人的主体资格证明或者自然人的身份证明。

③全体合伙人指定代表或者共同委托代理人的委托书。

④全体合伙人签署的合伙协议。

⑤全体合伙人签署的对各合伙人缴付出资的确认书。

⑥主要经营场所证明。

⑦名称预先核准通知书(设立申请前已经办理名称预先核准的须提交)。

⑧全体合伙人签署的委托执行事务合伙人的委托书;执行事务合伙人是法人或其他组织的,还应当提交其委派代表的委托书和身份证明复印件(核对原件)。

⑨以非货币形式出资的,提交全体合伙人签署的协商作价确认书或者经全体合伙人委托的法定评估机构出具的评估作价证明。

⑩法律、行政法规或者国务院规定设立合伙企业须经批准的,或者从事法律、行政法规或者国务院决定规定在登记前须经批准的经营项目,须提交有关批准文件。

⑪法律、行政法规规定设立特殊的普通合伙企业需要提交合伙人的职业资格证明的,提交相应证明。

⑫国家市场监督管理总局规定应提交的其他文件。

2.办理流程

(1)申请

由全体合伙人指定的代表或者共同委托的代理人向企业登记机关申请设立登记。

(2)受理、审查和决定

申请人提交的登记申请材料齐全、符合法定形式,企业登记机关能够当场登记的,应予当场登记,发给合伙企业营业执照。

除前款规定情形外,企业登记机关应当在受理申请之日起20日内,做出是否登记的决定。予以登记的,发给合伙企业营业执照;不予登记的,应当给予答复,并说明理由。

(四)公司企业

1.首先申请名称预先核准,应当提交下列材料

①有限责任公司的全体股东或者股份有限公司的全体发起人签署的公司名称预先核准申请书。

②股东或者发起人的法人资格证明或者自然人的身份证明。

③公司登记机关要求提交的其他文件。

2.召开创立大会

根据《公司法》规定,发起人应当在创立大会召开15日前将会议日期通知各认股人或者予以公告。创立大会应有代表股份总数1/2以上的认股人出席,方可举行。

创立大会行使下列职权:

①审议发起人关于公司筹办情况的报告。

②通过公司章程。

③选举董事会成员。

④选举监事会成员。

⑤对公司的设立费用进行审核。

⑥对发起人关于抵作股款的财产的作价进行审核。

⑦发生不可抗力或者经营条件发生重大变化直接影响公司设立的,可以做出不设立公司的决议。

创立大会对前款所列事项做出决议,必须经出席会议的认股人所持表决权的半数以上通过。

3. 向登记机关申请登记

我国《公司登记管理条例》规定,设立股份有限公司,董事会应当于创立大会结束后30日内向公司登记机关申请设立登记。

申请设立股份有限公司,应当向公司登记机关提交下列文件:

①公司董事长签署的设立登记申请书。

②国务院授权部门或者省、自治区、直辖市人民政府的批准文件,募集设立的股份有限公司还应当提交国务院证券管理部门的批准文件。

③创立大会的会议记录。

④公司章程。

⑤筹办公司的财务审计报告。

⑥具有法定资格的验资机构出具的验资证明。

⑦发起人的法人资格证明或者自然人身份证明。

⑧载明公司董事、监事、经理姓名和住所的文件及有关委派、选举或者聘用的证明。

⑨公司法定代表人任职文件和身份证明。

⑩企业名称预先核准通知书。

⑪公司住所证明。

公司申请登记的经营范围中有法律、行政法规规定必须报经审批的项目的,应当在申请登记前报经国家有关部门审批,并向公司登记机关提交批准文件。

4. 领取营业执照

我国《公司登记管理条例》规定,经公司登记机关核准设立登记并发给企业法人营业执照,公司即宣告成立。公司凭公司登记机关核发的企业法人营业执照刻制印章,开立银行账户,申请纳税登记。

章程在创立大会召开前拟好,在创立大会上通过。各种程序需要的文件要准备好。

（五）农民专业合作社

1. 申请工商行政管理局设立登记需提交的材料

①设立登记申请书。

②全体设立人签名、盖章的设立大会纪要。

③全体设立人签名、盖章的章程。

④法定代表人、理事的任职文件和身份证明。

⑤全体出资成员签名、盖章予以确认的出资清单。

⑥法定代表人签署的成员名册和成员身份证明复印件。

⑦住所使用证明。

⑧指定代表或者委托代理人的证明。

⑨合作社名称预先核准申请书。

⑩业务范围涉及前置许可的文件。

2. 到公安局指定单位刻章需提交的材料

①合作社法人营业执照复印件。

②法人代表身份证复印件。

③经办人身份证复印件。

【案例阅读】

星巴克老家的咖啡生活

一、星巴克为何取得如此大的成功

1. 第三空间的品牌定位

星巴克将自己定位于独立于家庭和办公室之外的第三空间,星巴克的目标是为以中国的中产阶级为主流的中上阶层提供一个风格清新的时尚社交场所,人们在星巴克购买咖啡的同时,也购买了一种生活方式。

2. 体验式营销

星巴克公司的经营理念就是向消费者出售对咖啡的体验,相比之下,优质的咖啡、完美服务被列在其次。在星巴克咖啡店里精湛的钢琴演奏、欧美经典的音乐背景、流行时尚的报纸杂志、精美的欧式饰品等配套设施,给消费者营造高贵、时尚、浪漫、文化的氛围,营造了一个除工作单位和家庭以外的新的场所。

3. 独特的店内设计

在设计上,星巴克强调每栋建筑物都有自己的风格,而让星巴克融入原来的建筑物中去,不去破坏建筑物原来的设计,每个店的设计都由美国总部完成,注重原汁原味。

4.独特的产品策略

公司推出代表性产品,并注重市场开发新口味,推出季节性菜单和当日咖啡,使顾客对公司的产品长期关注并保持新鲜感。产品策略附加价格策略,高度重视质量,销售相关配套产品,满足大众文化需求,销售品牌形象。

二、营销战略

1.根据世界各地不同的市场情况采取灵活的投资与合作模式

星巴克的策略比较灵活,它会根据各国各地的市场情况而采取相应的合作模式。以美国星巴克总部在世界各地星巴克公司中所持股份的比例为依据,星巴克与世界各地的合作模式主要有四种情况:①星巴克占100%股权,比如在英国、泰国和澳大利亚等地;②星巴克占50%股权,比如在日本、韩国等地;③星巴克占股权较少,一般在5%左右,比如在中国的台湾、香港,夏威夷等地;④星巴克不占股份,只是纯粹授权经营,比如在菲律宾、新加坡、马来西亚和中国北京等地。

2.多以直营经营为主

30多年来,星巴克对外宣称其整个政策是坚持走公司直营店,在全世界都不要加盟店。星巴克为自己的直营路子给出的理由:品牌背后是人在经营,星巴克严格要求自己的经营者认同公司的理念,认同品牌,强调动作、纪律、品质的一致性;而加盟者都是投资客,他们只把加盟品牌看作赚钱的途径,可以说,他们唯一的目的就是为了赚钱而非经营品牌。

3.口碑营销

星巴克给品牌市场营销的传统理念带来的冲击同星巴克的高速扩张一样引人注目。在各种产品与服务风起云涌的时代,星巴克公司却把一种世界上最古老的商品发展成为与众不同、持久的、高附加值的品牌。然而,星巴克并没有使用其他品牌市场战略中的传统手段,如铺天盖地的广告宣传和巨额的促销预算。星巴克认为,在服务业,最重要的营销管道是分店本身,而不是广告。如果店里的产品与服务不够好,做再多的广告吸引客人来,也只是让他们看到负面的形象。星巴克不愿花费庞大的资金做广告与促销,但坚持每一位员工都拥有最专业的知识与服务热忱。"我们的员工犹如咖啡迷一般,可以对顾客详细解说每一种咖啡产品的特性。只有透过一对一的方式,才能赢得信任与口碑。这是既经济又实惠的做法,也是星巴克的独到之处!"

4.充分运用"体验"

星巴克认为他们的产品不单是咖啡,而且是咖啡店的体验。研究表明:2/3成功企业的首要目标就是满足客户的需求和保持长久的客户关系。相比之下,那些业绩较差的公司,这方面做得就很不够,他们更多的精力是放在降低成本和剥离不良资产上。另外,星巴克更擅长咖啡之外的"体验":如气氛管理、个性化的店内设计、暖色灯光、柔和音乐等。就像麦当劳一直倡导售卖欢乐一样,星巴克把美式文化逐步分解成可以体验的东西。

5.推广教育消费者

在一个习惯喝茶的国度里推广和普及喝咖啡,首先遇到的是消费者情绪上的抵触。星巴克为此首先着力推广"教育消费"。通过自己的店面,以及到一些公司去开"咖啡教室",并通过自己的网络,星巴克成立了一个咖啡俱乐部。

6. 异同的 VI 及店内设计

据了解,在星巴克的美国总部,有一个专门的设计室,拥有一批专业的设计师和艺术家,专门设计全世界所开出来的星巴克店铺。他们在设计每个门市的时候,都会依据当地商圈的特色,然后去思考如何把星巴克融入其中。所以,星巴克的每一家店,在品牌统一的基础上,又尽量发挥了个性特色。这与麦当劳等连锁品牌强调所有门店的 VI 高度统一截然不同。

三、星巴克保持市场占有率主要是差异化策略和创新策略

1. 星巴克的差异化策略

主要体现在体验营销和口碑营销,这两种营销方式是星巴克最具特色的营销策略,也是星巴克在中国市场稳稳站住脚跟的不可或缺的一部分。

2. 创新策略

(1) 全球化设计创新。星巴克的设计风格主要通过体现美感和融入本地元素,一方面创造了和谐,一方面也创造了对比。

(2) 服务方式创新。

星巴克随行卡:星巴克在美国和中国台湾推出可预付卡式的星巴克随行卡,可以减少顾客携带现金以及找零的麻烦。

全球化无线上网服务:星巴克的目标是建立一个宽频互联网连接,让顾客可以透过网络服务了解世界各地的星巴克。

(3) 产品创新。星巴克针对中国的传统和特点,为迎合中国人的口味,推出许多适合中国人的咖啡;星巴克试图把中国传统文化巧妙地融入星巴克的品牌个性中。近年来,星巴克开始贩卖速溶咖啡,扩大客户群体,增大销量。开展多元化产品,星巴克最近向茶叶市场进军。

(4) 定位创新。星巴克不断融入各地不同的文化,在各地设立结合当地风土民情的据点,邀请消费者来店体验独特的星巴克文化。为此,星巴克需不断地定位创新,以吸引更多的消费者。

(5) 经营策略联盟。

● 星巴克联合航空公司。联合航空公司能使星巴克将北美洲的主要市场连接起来,而且也能使星巴克在海外主要市场有效创立起试验机制。

● 星巴克百事可乐公司。星冰乐是星巴克与百事可乐合作生产的一种咖啡冷饮,百事可乐帮助星巴克进行产品的开发、生产与市场投放。而百事可乐也利用星巴克在咖啡界的声誉,提高产品形象,双方合作互惠互利。

● 星巴克首都唱片公司。AEI 音乐网长久以来和星巴克保持合作关系,并为星巴克录制"每月音乐带",供店面播放。AEI 音乐网为星巴克制作了几卷音乐带,都颇受好评,并且赢得无数赞赏。

● 星巴克 7-11 连锁超市。7-11 推出"咖啡精品预购杂志",并向个人化的方向设计,内容涵盖畅销咖啡、随行杯、咖啡蛋卷等限量预购产品。利用 7-11 的销售渠道,将优质的东西便利带给消费者,让消费者不管在哪,都能享受到独特的星巴克体验。星巴克在中国的发展

面临的问题：多元化的失败，扩张过快引起的品牌价值和选址城市分布的不均，文化冲突产品质量上的问题。采用云南的咖啡豆以及将牛奶供应商由雀巢改为蒙牛也引起了消费者的不满。从消费者角度出发：价格过高；由于星巴克倡导第三方的空间定位，导致店内滞留大量顾客，在消费高峰期时，很多顾客没有位置；环境吵闹。

四、启示

（1）重视企业文化建设。一个企业应该有一个正确的原则，不能为了短期的利益而牺牲这个原则，就像星巴克始终坚持"提供优质服务、经营品牌"这一原则一样，形成独特的企业文化，这样的企业才能取得长远的发展。

（2）注重品牌意识。品牌，是人们对一个企业及其产品、售后服务、文化价值的一种评价和认知，是一种信任。

（3）混合与模仿的强大力量。星巴克是一个重组文化营销的大师，它拥有独特的多重选择性。对于企业来说，应该具备吸引消费群体的潜力。

（4）企业要从消费者的需求出发，为消费者提供优质服务，特别是有特色的服务。一个企业如果提供的服务没有市场需求或质量不好，它必然被市场淘汰，而提供的服务一点特色也没有，也难以持久。

（5）产品、服务等一系列要尽可能地结合本土文化的特点。

（6）我国企业应该学习星巴克的经营策略，学习其差异性营销策略，勇于发现市场的需求状况，勇于创新，多与其他相关的企业进行合作，促成双赢。

【任务驱动】

1. 简述创业方向选择的重要性。
2. 简述创业决策的切入点。
3. 简述大学生创业的基本流程。
4. 简述创业计划书的基本框架。
5. 简述我国企业的组织形式。

参考文献

[1] 艾华,周彦吉,赵建磊,等.创新创业教育对大学生就业竞争力的作用研究[J].北京教育（高教）,2016(3):26-29.

[2] 陈涛.深化创新创业教育　助推大学生就业[J].辽宁经济职业技术学院学报,2016(5):73-75.

[3] 戴丹,徐格.创新创业教育对大学生就业影响程度分析[J].知识经济,2016(6):129-130.

[4] 党美珠,李建伟,耿李姗.基于大学生就业能力提升的创新创业教育探索[J].求知导刊,2016(33):36-37.

[5] 董金宝.大学生就业创业工作宝典[M].北京:中国农业大学出版社,2016.

[6] 江小卫.新编大学生就业指导与创业教育[M].成都:电子科技大学出版社,2016.

[7] 冷天玖.大学生就业指导与创业教育的多维度研究[M].北京:清华大学出版社,2016.

[8] 李纲,黄志启.大学生创业行动手册[M].北京:国防工业出版社,2016.

[9] 李秋艳,杨莹.影像中的职场世界:大学生就业创业影视文化研究[M].西安:西北工业大学出版社,2016.

[10] 李志东.创新创业:当代大学生就业新趋势[J].中国青年社会科学,2016(5):101-105.

[11] 廖翠玲.基于大学生就业能力提升的创新创业教育探索[J].教育教学论坛,2016(49):244-245.

[12] 刘平.大学生就业与创业指导[M].北京:清华大学出版社,2016.

[13] 刘姗.基于创新创业教育的大学生就业能力提升途径探索[J].求知导刊,2016(35):52-53.

[14] 卢和旭,王建,张发民,等.基于大学生创新创业训练项目的大学生就业能力培养[J].产业与科技论坛,2016(15):181-182.

[15] 邵焕举.创新创业指导下的大学生就业能力提升途径研究[J].理论观察,2016(9):141-142.

[16] 史晓华,曹敏.试论创新创业教育对大学生就业能力的影响[J].才智,2016(18):164-165.

［17］田蕾.基于大学生就业能力提升的创新创业教育探索［J］.山东商业职业技术学院学报,2016,16(5):60-62.

［18］汪福秀,张洪峰,曾昭海.大学生就业与创业指导［M］.北京:中国言实出版社,2016.

［19］王敏.基于大学生就业能力提升的创新创业教育探索［J］.天津中德职业技术学院学报,2016(6):65-67.

［20］王明洁,杨阳,温雅丽,等.基于创新创业教育的大学生就业能力提升途径研究［J］.人力资源管理(汉),2016(7):285-286.

［21］魏勃,张晓凤,谢辉.大学生基层就业与创业［M］.北京:知识产权出版社,2016.

［22］许荔荔.创新创业教育对大学生就业竞争力的影响探究［J］.教育(文摘版),2016(2):21.

［23］朱爱胜.大学生就业与创业导论［M］.北京:高等教育出版社,2008.